COLLECTION SAINT-MICHEL

DE LA

PAR

PARIS

DE L'ŒUVRE DE SAINT-MICHEL

6, RUE DE MÉZIÈRES, 6.

1878

DERNIÈRES PUBLICATIONS

DE L'ŒUVRE SAINT-MICHEL

Paris. — Imprimerie Saint-Michel. — G. TÉQUI. — Apprentis de Saint-Nicolas. — 92, rue de Vaugirard.

LÉGENDES

DE LA

VIERGE DE MARBRE

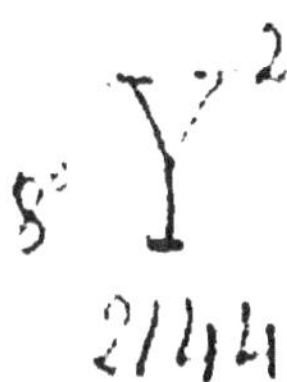

Paris. — Imprimerie St-Michel. — G. Téqui. — Apprentis de St-Nicolas. — 92, rue de Vaugirard.

COLLECTION SAINT-MICHEL

LÉGENDES

DE LA

VIERGE DE MARBRE

PAR

RAOUL DE NAVERY.

PARIS

G. TÉQUI, LIBRAIRE-EDITEUR

DE L'ŒUVRE DE SAINT-MICHEL

6, RUE DE MÉZIÈRES, 6

1878

LÉGENDES
DE LA
VIERGE DE MARBRE

LA SEMEUSE DE LIS

I

Nul n'aurait pu dire quand et comment elle était arrivée dans le pays.

Par une belle matinée de mai, des gens qui passaient sur la route l'avaient trouvée endormie sous une haie d'épine blanche. Le souffle léger de la bise faisait pleuvoir autour d'elle les étroites corolles, un bouvreuil chantait au-dessus de sa tête. Elle pouvait avoir douze ans à peine. Sa pâleur égalait celle des fleurs de l'épine, et sa taille frêle s'inclinait comme le tronc des jeunes bouleaux. En s'éveillant elle jeta un long regard autour d'elle, regard moins inquiet que curieux, puis elle se leva, releva ses vêtements froissés et descendit vers le village. Comme elle avait faim, elle s'arrêta sur le seuil d'une ferme, la main tendue, son beau regard bleu implorant la pitié. Une jeune mère s'approcha de la petite mendiante, et lui demanda :

— D'où viens-tu ?

L'enfant désigna le ciel.

— Quel est ton nom ?

L'étrangère sourit en secouant la tête. Peut-être ignorait-elle aussi bien son propre nom que celui de son pays. A chaque question nouvelle qui lui fut adressée, elle ne répondit que ces mots :

— *Ave Maria !*

Sa langue semblait incapable de prononcer toute autre parole ; son esprit ne paraissait nullement frappé par les choses élémentaires de la vie. Elle demandait sa becquée comme l'oiseau, comme lui elle ne savait qu'un chant unique :

— *Ave Maria !*

Elle le disait d'une voix tremblante quand elle souhaitait attendrir le cœur et l'incliner vers sa misère ; elle le prononçait d'un accent joyeux pour rendre grâce de l'aumône reçue ; elle le murmurait avec l'onction ineffable de la prière quand sonnaient les cloches de la pauvre église. Beaucoup de gens affirmaient qu'elle était folle ; les plus indulgents la jugeaient faible d'esprit. On essaya de lui faire comprendre la loi du travail, le besoin de la vie régulière, elle secoua sa tête blonde, et s'éloigna en murmurant son *Ave Maria* comme un adieu.

Les oiseaux ne sèment pas et l'Innocente imitait les oiseaux.

On eût dit cependant qu'elle s'était imposé une tâche: tâche mystérieuse et naïve dont la raison était connue d'elle seule, et que raillaient les gens du village qui se piquaient d'avoir le jugement sain et l'esprit solide.

Mais l'enfant ne semblait point entendre leurs railleries, sa jeune âme planait ailleurs, et montait sans doute vers ces sphères d'innocence et d'amour, au milieu desquelles se jouent les jeunes martyrs de Bethléem. Le rire des incrédules n'arrivait point jusqu'à son cœur. Elle continuait sa mission, satisfaite quand, à la fin du jour, elle croyait l'avoir bien remplie; triste quand il lui semblait qu'elle eût pu faire davantage.

L'Innocente entrait dans tous les jardins, dans tous les courtils, sans heurter aux portes, sans s'inquiéter des barrières. Sa petite main poussait les claies, et elle passait.

Ceux qui la connaissaient, comprenaient tout de suite le motif de sa venue.

— Voici la *Semeuse de lis!* disaient-ils.

Sans doute les lis ne se sèment pas, et ils ne l'ignoraient point, mais ce mot rendait mieux et plus vite ce qu'ils voulaient raconter et peindre.

En effet, l'enfant inconnue s'en allait de clos en clos chercher des oignons de lis. Deux jours s'étaient à peine écoulés depuis la matinée où elle dormait sous les aubépines quand elle découvrit dans le creux d'un orme gigantesque un groupe naïf de *piéta:* aux pieds de Marie était couchée la tige de lis que Gabriel embauma des parfums du ciel même. L'Innocente comprit ce mystère de grâce et d'amour, car à partir de l'instant où elle trouva cette statuette à demi cachée sous l'ombre des branches, elle s'imposa une tâche qui parut puérile à beaucoup, et la fit regarder par plusieurs comme appartenant à cette classe des pauvres d'esprit qu'attend le royaume de Dieu.

Les pièces d'argent que lui offrirent les riches, servirent à l'enfant pour payer des lis qu'elle groupa autour du vieil orme. Elle en demanda, elle en mendia avec une obstination charmante. Et quand elle avait obtenu l'objet de ses souhaits, elle répétait comme un cantique d'action de grâce:

— *Ave Maria!*

A partir de cette époque on l'appela la Semeuse de lis.

Ils semblaient croître sous ses pieds d'enfant; leur tige atteignait la hauteur de sa taille, elle s'habillait de blanc comme eux, et le souffle de son haleine restait pur comme leur parfum.

Dans les endroits déserts et pierreux, sur les routes à demi tracées, dans les coins où l'on jetait les détritus immondes, elle plaçait des lis, qui vers le mois d'avril élevaient leurs feuilles d'un vert d'émeraude. Plus tard des boutons de neige apparaissaient, clos et fermés, comme un cornet d'ivoire, puis les pétales s'ouvraient lentement sous l'influence de la rosée, et la vivifiante chaleur du soleil. Alors éclatait la fête de la blancheur, la fête des arômes purs, la fête des lis! Pas de sentier qui n'en vît s'épanouir, pas de coin sombre qui ne s'en décorât, pas de chemin perdu qui ne ressemblât à un parterre: et tous ces chemins, tous ces sentiers aboutissaient par des détours et des lacis d'un goût bizarre, au vieil orme cachant dans sa robe d'écorce la petite statuette de la *Vierge de Marbre*.

Avant ce temps, nul ne paraissait se soucier de l'image sainte; elle demeurait, isolée et sans culte, dans l'angle du bois où jadis une main pieuse l'avait placée. Mais à partir du jour où la *Semeuse de lis* commença sa tâche, les gens du pays apprirent le chemin de l'image sacrée. La route qui y conduisait était devenue si facile et si belle! On marchait entre deux haies de fleurs que leur parfum rendait pour ainsi dire vivantes. Attirés par ces corolles, les oiseaux descendaient pour y boire la rosée que gardait l'urne virginale; les abeilles y butinaient un miel pur; les papillons les entouraient d'un vol de flamme. C'était un concert sans fin, un bourdonnement perpétuel, un tourbillon de couleurs vives et d'ailes de gaze. Chose étrange, les enfants si bruyants, si tapageurs qu'ils fussent, ne brisaient jamais les lis plantés par l'Innocente.

Elle ne leur avait point défendu de les cueillir; mais la voyant si attentive à leur verser l'eau de la source, si soigneuse de relever les tiges pliantes, ils en étaient venus à chérir les lis autant qu'elle-même.

Pendant leurs heures de récréation, durant l'après-midi du dimanche, ils couraient dans les chemins plantés par la Semeuse de lis, cherchant l'Innocente qu'ils étaient sûrs de trouver au pied du vieil orme. Elle avait fini par élire domicile sous ses branches touffues. Les lis moururent, elle resta; l'automne dépouilla l'arbre de ses feuilles, et l'enfant, qui s'était constituée gardienne de l'image de Marie, n'abandonna point l'angle de la forêt. Un vieux bûcheron, dont la fille s'en allait de langueur, eut un jour la pensée de construire à la

Semeuse de lis une cabane de feuillage, celle-ci remercia le bûcheron par un de ses plus doux sourires, et le lendemain le vieillard amena sa fille mourante au pied de l'orme centenaire.

— Ecoute, dit le vieillard à la Semeuse de lis, j'ai pris en pitié ta détresse, songe en retour à ma douleur... Je n'ai plus que cette enfant de toute la famille que Dieu m'avait donnée, et l'on dirait que le doigt de la mort marque déjà son front... Fais refleurir la santé sur son visage, comme les lis plantés par toi refleurissaient après les longs hivers.

L'Innocente prit la main de la malade et l'amena doucement devant la statuette de la Vierge.

— *Ave Maria !* dit-elle.

Ce fut tout. La Semeuse de lis ne connaissait peut-être pas la fin de cette admirable prière. Mais sur ses lèvres et dans son cœur ces deux mots ne formaient-ils point un hymne complet.

Dieu qui l'apprit à l'ange a renfermé dans ces deux mots une source de bénédictions immenses.

Ave Maria ! Si douce est cette parole que la voix de bronze des cloches la répète dans la tour de l'église. Le marin puise dans cette invocation le courage de lutter contre la tempête; le prêtre la murmure le long du chemin qui le conduit chez les souffrants et les pauvres ! *Ave Maria,* le poète chante ces mots sur la triste lyre humaine, et soudain celle-ci frissonne comme les harpes d'or du paradis. Le pèlerin qui suit à genoux la route d'un sanctuaire, le vieillard qui s'éteint, l'enfant qui balbutie les trouvent sur leurs lèvres comme un encouragement, une consolation, une espérance! *Ave Maria!* L'aube et le crépuscule du jour le dorent avec leurs premiers rayons et leurs dernières clartés! Et dans le ciel illuminé d'une éternelle aurore, dans le ciel dont les profondeurs s'éclairent des rayonnements du Soleil de Justice, les anges le répètent comme un cantique, tandis que les vieillards se prosternent devant l'Agneau.

La Semeuse de lis ne savait rien de plus... Et la malade, comme un écho fidèle, ne prononça point d'autres paroles. Mais Marie attire vers elle les simples comme Jésus attirait les enfants, et tandis que la fille du bûcheron tenait ses regards fixés sur la sainte image, la fièvre de son sang se calmait et les roses fleurissaient sur ses joues pâles.

Par le même sentier qui l'avait vue se traîner faible et mourante, elle repassa forte et gaie, tenant dans ses mains la main de la Semeuse de lis.

Le bruit de ce prodige ne tarda point à se répandre: la reconnaissance du bûcheron le proclama.

Dans sa reconnaissance, le vieillard voulut concourir à l'embellissement du modeste sanctuaire de Marie : une palissade entoura le vieil orme, et le bûcheron crut avoir accompli une œuvre pieuse en isolant la chapelle végétale de la Mère de Dieu. Mais le lendemain la palissade se trouvait renversée par suite du vent violent qui avait soufflé dans la nuit, tandis que les tiges frêles des lis semblaient plus hautes et plus robustes que la veille.

L'empressement des gens du village à venir prier la Vierge en ce lieu devint si grand, qu'un pèlerinage s'organisa d'une façon régulière.

La Semeuse de lis, en présence du concours de peuple environnant la représentation réduite de la *Vierge de Marbre,* ressentit une joie que rien ne saurait peindre. Sa piété parut se doubler du concours auquel son culte naïf avait donné l'élan. A quelque heure du jour que l'on vint s'agenouiller devant Marie, on voyait l'Innocente les mains jointes, les yeux levés vers le ciel, laissant tomber de ses lèvres son harmonieux *Ave Maria.*

Plus d'une fois on tenta d'enrichir la sainte enfant, mais elle repoussa tous les dons avec une douceur constante. De temps en temps elle acceptait un nouveau costume de toile blanche en été, de laine blanche en hiver. Un pain bis, un vase rempli de lait suffisaient pour sa nourriture.

Elle grandissait à la façon des fleurs, mais elle ne paraissait prendre aucune force. Sa haute taille restait frêle, son blanc visage ne devait jamais connaître la couleur de la santé. Durant l'hiver l'Innocente devenait triste. On eût dit qu'elle regrettait les lis.

Quand les premières brises tièdes du printemps soufflaient, elle paraissait s'éveiller avec les fleurs. Alors, du matin au soir elle errait de touffe en touffe, épiant l'accroissement de la tige, la formation des boutons, l'épanouissement des corolles.

Parfois elle amenait avec elle les petits enfants, les groupait devant le grand orme, et voyant les têtes blondes confondues avec les calices purs, elle semblait comprendre les enfants et les fleurs dans une gerbe sans tache également agréable à Marie.

Un prêtre essaya d'instruire davantage cette ignorante à qui Dieu se plaisait sans doute à révéler les choses du ciel, mais le saint pasteur ne lui put rien apprendre, et jamais les humbles lèvres de l'enfant ne surent dire autre chose qu'*Ave Maria!*

II

La plupart des habitants du village vénéraient l'image de la Vierge autant qu'ils chérissaient la Semeuse de lis. Un seul homme puisait dans son incrédulité une haine farouche contre la sainte image, et cette haine sauvage se reportait en partie sur l'Innocente. Certes, nul n'obligait Ludolf a s'agenouiller devant le colosse végétal servant d'asile à la figure douloureuse de Marie portant dans ses bras son Fils divin. Mais l'idée que cet arbre existait, que cette image recevait un culte public, exaspérait le misérable. Lui, qui ne cessait de parler de ses droits et d'exalter les priviléges de la liberté, ne pouvait soutenir l'idée que d'humbles femmes, des enfants innocents, des vieillards convaincus, des jeunes gens pieux courbassent le front sous une bénédiction invisible. Il haïssait la Semeuse de lis et la traitait en ennemie. Du plus loin qu'il l'apercevait, il lui adressait des gestes menaçants. S'il passait près d'elle il proférait des blasphèmes ; mais l'enfant ne paraissait ni voir, ni entendre ce dont tant d'autres eussent été mortellement effrayés, et quand Ludolf passait près d'elle, de sa voix la plus douce elle répétait en fixant sur lui ses grands yeux doux :

— *Ave Maria !*

Ludolf avait grandi dans le vice, comme la Semeuse de lis croissait dans une atmosphère de pureté. On racontait tout bas qu'il avait fait mourir de chagrin sa vieille mère, et que son père l'avait maudit. Ce qui est certain, c'est qu'il menait une existence vagabonde, courant les bois durant la nuit, braconnant s'il ne faisait pire. Plus d'une fois un voyageur détroussé sur la grande route traça du brigand qui l'avait arrêté un signalement se rapportant d'une façon absolue à celui de Ludolf. Mais soit adresse, soit grâce à l'aide de Satan avec lequel les vieilles gens affirmaient qu'il avait fait un pacte, Ludolf continuait à échapper à la poursuite des soldats et aux atteintes de la justice.

L'impunité accroissait son audace. Il devenait plus arrogant à mesure qu'il se sentait plus redouté. Les enfants et les femmes eussent préféré se trouver dans la forêt en présence d'un sanglier furieux que de rencontrer Ludolf au déclin de la journée.

Il riait méchamment de la terreur qu'il leur inspirait, mais il se gardait bien de les menacer ou de leur nuire. Il ne se livrait à ses brutalités, à ses rapines que lorsqu'il se trouvait avec des étrangers.

Les accusations portées contre lui n'avaient jamais pu se prouver d'une façon irréfragable. Chacun prédisait à Ludolf un châtiment proportionné à ses crimes, mais les jours, les mois, les années se passaient, et le misérable continuait sa vie d'iniquités.

Il eut un jour une épouvantable idée. Après avoir passé en revue ses erreurs, ses fautes et ses crimes, il trouva qu'il manquait un acte monstrueux à tous ceux qu'il avait commis. Ludolf avait dérobé le bien d'autrui, troublé des âmes honnêtes, versé le sang durant les nuits d'orage et de ténèbres... Il avait blasphémé Dieu et renié les saints, mais il ne se souvenait pas d'avoir commis un sacrilége : le sacrilége matériel et brutal qui s'attaque à l'objet consacré, et le souille ou le brise sous l'inspiration d'une pensée infernale.

Plus d'une fois, passant devant l'église du village, et la voyant paisiblement illuminée par la lampe du sanctuaire, il leva la main comme pour protester, mais enfin il n'osa pas forcer les portes, éteindre la lampe sacrée et fouler aux pieds le crucifix.

Du jour où il constata qu'un sacrilége manquait à la liste de ses crimes, il songea à commettre un sacrilége.

Il est des hommes qui ont la haine de Dieu la haine de son église bénie, la haine de ses prêtres, la haine de l'autel.

Ils détestent la foi, la charité, l'espoir, qu'ils ne peuvent ni partager ni comprendre.

Stupidement, follement ils songent à renier des choses sublimes, comme si leur effort de pygmées pouvait quelque chose contre ces inaccessibles grandeurs.

Ils ont l'amour du crime comme d'autres possèdent de nobles ambitions. Ils bâtissent leur Babel monstrueuse, croyant lutter contre Dieu qui ne les foudroie même pas, et qui les attend les bras tendus sur les images sacrées du crucifix, et voilé dans les divines humilités du tabernacle.

Ludolf rêva, chercha, médita. Il voulait vaincre le Galiléen, ce doux vainqueur des âmes ; il voulait se rebeller contre lui et se jugeait doué d'une âme fortement trempée parce qu'il raillait les chrétiens, crachait sur les prêtres, et défiait la foudre de l'écraser.

Un jour, le cœur de Ludolf bondit de joie. Il venait de trouver quel sacrilége devait clore dignement la liste si longue de ses folies et de ses crimes.

S'attaquer à l'autel, forcer les portes de l'église, briser la porte du tabernacle, lui parut sinon impossible du moins imprudent. S'il ne redoutait pas les anges vengeurs chargés de veiller sur le trésor eucharistique, ces anges qui, dans l'ancienne loi, chassèrent du Temple Héliodore fustigé, il trouvait l'église trop entourée.

Admirable instinct ! prévoyance touchante ! A peine une chapelle est-elle bâtie qu'autour de ses murs s'élèvent, par un secret enchantement, les habitations des hommes.

Où repose le corps divin, les aigles s'assemblent.

A l'ombre de la croix se groupent les ruches familiales.

La femme et l'enfant se rapprochent de l'autel ; le berceau comme la tombe se cachent sous les bras immenses du calvaire !

Non, Ludolf ne pouvait s'attaquer à l'église. Car s'il raillait le ciel il redoutait la justice. Le glaive de la loi lui semblait toujours trop près de sortir du fourreau. Mais, non loin du village existait un endroit vénéré que rien ne semblait défendre.

Le grand orme abritant une image de Marie sous ses ramures, se dressait seul sur la limite d'un champ. A quelques pas de là se dressait bien un amas de branchages servant d'asile à une créature humaine, aussi nul ne gardait l'enfant isolée, et si son cœur devait saigner en voyant profaner l'objet de son culte, elle resterait, du moins impuissante à le protéger.

Et pourtant qui n'aurait point respecté l'orme béni par la figure sainte abritée dans l'excavation de son tronc centenaire, l'aurait dû faire par amitié pour la Semeuse de lis. Quelle vie d'austérité sainte, quelle existence angélique menait cette pauvre d'esprit, qui s'entretenait avec les anges, car l'âme possède des lumières intérieures bien différentes des clartés humaines de l'esprit, et tel peut sembler privé d'intelligence qui cache au dedans de lui-même un sens admirable des choses célestes.

La Semeuse de lis couchait dans sa cabane sur un lit de fougère ; durant les longs mois de froidure, de frimas et de neige, elle restait enfermée dans sa solitude, et ne reparaissait qu'au printemps. Mais alors recommençaient ses courses sans fin, ses promenades à travers la campagne, ses marches interminables dont la plupart ne comprenaient pas le sens caché.

Elle plantait des lis ! Partout et toujours elle plantait des lis !

N'est-il point arrivé à chacun de nous de rencontrer des êtres qui, dans des milieux divers et d'une façon différente, remplissent une mission semblable !

Elle plantait des lis ! c'est-à-dire elle multipliait la blancheur, la grâce, le parfum ! Elle remplaçait l'ortie brûlante, le chardon épineux, la dangereuse belladone, la froide ciguë, toutes les herbes putrides, toutes les plantes empoisonnées par des fleurs merveilleuses parlant de candeur et de pureté ! Elle couvrait les monceaux de pierre, les fumiers nauséabonds de bouquets splendides ! Elle masquait toutes les laideurs, elle cachait toutes les ronces, elle décorait tous les fossés de la fleur que les peintres mettent entre les mains de l'ange Gabriel, et qui naissait spontanément sous les pieds de Marie.

Dans l'ordre moral, dans le domaine de la foi, nous avons été témoin du même phénomène.

Il est des êtres purs et privilégiés dont la présence sanctifie. On dirait que leur vie, leur entretien fait grandir dans les âmes des vertus nouvelles, des pensées fortifiantes, des résolutions héroïques : — Ils sèment des lis ! — en parlant de Dieu avec adoration, de Marie avec un culte filial; — ils sèment des lis en vantant la chasteté qui rend fort, l'humilité qui rend patient. — Dieu les places souvent sur notre chemin ces semeurs de lis qui, de toute chose font jaillir la lumière, l'édification, la joie, fleurs célestes écloses dans le paradis sous la rosée de la grâce. — Et quand nous les rencontrons, oh! courons au parfum qu'ils laissent après eux, et recueillons les pétales bénies dont ils jonchent les sentiers parcourus. Les œuvres germent dans leur pensée, les bienfaits tombent de leurs mains prodigues ; des miracles s'accomplissent par la seule puissance de leur dévouement et de leur foi. Le zèle qui les enflamme se propage comme un incendie, chacun de leurs pas est indiqué par un progrès. Ils sont nos vivants modèles, et nous nous sentons meilleurs quand nous avons entendu les paroles qui tombent de leurs lèvres.

Il est, de nos jours, des incrédules et des railleurs qui ne comprennent pas plus les hommes de foi, que Ludolf ne comprenait la Semeuse de lis.

La résolution du misérable était prise, il allait frapper l'enfant dans ce qu'elle avait de plus cher.

Il faisait nuit noire, une nuit sans lune. Le vent soufflait avec furie dans les branches dépouillées des arbres ; de loin en loin les cris sinistres des engoulevents et des hiboux troublaient le silence par une note lugubre.

Ludolf sortit de chez lui le mousquet sur l'épaule.

Peu lui importaient les ténèbres, il chassait le jour, il braconnait la nuit. Il connaissait chaque talus, chaque fourré garni d'épines. L'ivresse qu'il avait puisée dans un flacon d'eau-de-vie blanche montait à son cerveau. Il marchait vite, et le sol, durci par les gelées prédédentes, craquait sous ses pieds.

Onze heures sonnèrent au clocher.

Toutes les lumières du village étaient éteintes, et seule, tremblante comme une étoile de la terre, brillait la lampe du sanctuaire.

Ludolf presse le pas et serre nerveusement la crosse de son mousquet.

Il traverse le bois, un loup le frôle en passant, le regarde de ses yeux rouges et s'éloigne.

Une silhouette s'estompe vaguement dans la nuit. Cette masse noire semble plus noire encore que le fond sombre du ciel.

— J'aurais dû attendre la pleine lune ! pense Ludolf. Il descend vers la cabane de branchages et secoue rudement la claie qui la ferme.

— *Ave Maria!* dit une voix douce.

— Debout, idiote et folle ! crie Ludolf d'une voix irritée. Nous verrons bien tout à l'heure si tu diras un autre mot que cette parole éternelle.

La Semeuse de lis ne comprit point sans doute le sens des menaces de Ludolf, mais la rudesse de sa voix lui fit deviner sa colère. Elle quitta son lit de fougères, poussa la claie, et vint avec sa doucœur d'agneau et son innocence de vierge se présenter au misérable.

— Où est ta lumière? allume une branche de sapin! je veux voir, je veux viser juste!

L'enfant étendit la main vers l'orme colossal.

— *Ave Maria!* fit-elle en tombant à genoux.

Une clarté pâle comme l'aube naissante environnait l'arbre géant, et du sein de cette clarté pure, la figure de Marie tenant son fils sur ses genoux brillait d'une lueur vivante comme les splendeurs de la lumière zodiacale. Le cœur de Marie percé de sept glaives semblait le foyer de ces gerbes éclatantes qui s'irradiaient autour d'elle, et se perdaient avec des adoucissements rosés au milieu des branches de l'orme.

Ce phénomène aurait dû jeter Ludolf dans la poussière.

Ses yeux voyaient le miracle, ses sens demeuraient frappés du phénomène de cette clarté sidérale dont ne sauraient approcher ni les beautés du soleil de minuit, ni les magnificences boréales du pôle. Il vit, mais il se révolta contre ce prodige, comme il s'était révolté contre la vie mystique de l'enfant, la guérison de la fille du bûcheron, la piété croissante des fidèles.

Il se recula, épaula son arme et visa...

Un cri d'angoisse jaillit de la poitrine de la Semeuse de lis, elle s'élança vers l'image de Marie avec la rapidité d'une flèche, et les deux bras étendus elle la couvrit de son corps.

Le coup partit, la Semeuse de lis tomba foudroyée.

Ludolf fit feu pour la seconde fois.

Alors une plaie rouge s'ouvrit au cœur de Marie, et le sang coula sur sa poitrine percée de glaives.

— *Ave Maria !* murmurèrent les lèvres de la Semeuse de lis.

Un éclat de rire répondit au dernier soupir de l'Innocente. Ludolf jeta son mousquet à terre et disparut dans la nuit, car à peine avait-il commis son sacrilége que la clarté miraculeuse s'était éteinte et que la cabane, l'orme séculaire, le corps de la Semeuse de lis et la Madone s'étaient enveloppés d'une obscurité complète.

Au jour, un enfant qui gardait ses chèvres descendit vers l'arbre afin de prier la Vierge comme il avait coutume de faire chaque jour. Il poussa un cri d'effroi en voyant quel spectacle s'offrait à sa vue, et abandonnant son troupeau il s'enfuit à travers le village, appelant à l'aide, et répétant avec le désordre de la terreur.

— La Semeuse de lis ! la *Vierge de Marbre !*

En un moment, hommes, femmes et enfants coururent du côté de la cabane. Le bûcheron et sa fille y arrivèrent les premiers.

Alors ils comprirent l'épouvante du gardeur de chèvres :

Le corps de l'Innocente était étendu sur le sol, roidi et glacé ! Ses lèvres pâles ne devaient plus jamais s'ouvrir en ce monde ; ses mains qu'elle avait jointes rappelaient la naïve ferveur qui avait été l'âme de sa vie et l'édification de tous.

Une tache rouge marquait sa poitrine. La balle de Ludolf l'avait atteinte au cœur, et le cœur avait cessé de battre, le sang s'était arrêté !

En face de la morte, au fond de sa niche végétale, la Vierge paraissait fixer des regards maternels sur l'Innocente. Mais de la plaie faite à Marie par la balle de Ludolf coulaient lentement des gouttes de sang vermeil. Sa robe bleue devenait une robe pourpre, le tronc de l'arbre ruisselait de ce sang vermeil...

La foule tomba sur les genoux, demandant grâce et miséricorde, s'offrant en holocauste pour expier le sacrilége.

Les psaumes du repentir et les salutations de l'ange se pressèrent tour à tour sur les lèvres. On entendait à la fois des prières et des sanglots. Enfin la fille du bûcheron et une de ses compagnes soulevèrent le corps léger de l'Innocente et le rentrèrent dans la cabane. Un cierge fut apporté de l'église et le prêtre s'agenouilla d'abord devant la statue de la Vierge miraculeuse, puis devant la dépouille de celle qui avait été sa dévote servante.

Si le nom du meurtrier se trouvait en ce moment sur toutes les lèvres, par une entente tacite on s'en remit à la justice des hommes d'accomplir son œuvre, et on eut d'abord à cœur de s'occuper des intérêts de Dieu.

Le saint pasteur récita les prières des morts, afin de se conformer à une sainte coutume lithurgique, puis cédant au sentiment paternel de son affection pour la fille innocente qu'un crime venait de faucher comme une lame coupe une jeune tige, il dit aux assistants d'une voix trempée de larmes :

— Regrettez-la comme une colombe dont le vol vous semblait un présage de bonheur ; regrettez-la comme une blanche brebis paissant les pâturages du Père céleste ; comme une apparition consolante dont la vision rafraîchit votre âme et dirige vos pensées vers le ciel ; mais ne la cherchez plus sur la terre, où reste seulement sa mortelle enveloppe... Le Père céleste l'a rappelée dans le paradis de ses élus, et du haut du trône préparé pour elle, son innocente main continuera à nous bénir. Les ailes des anges semblent frémir dans cette enceinte ; le parfum des palmes du paradis embaume cette cabane de feuillage, l'Innocente est devenue une glorieuse sainte, et la Semeuse de lis se trouve à cette heure abritée sous le manteau bleu de Marie.

Quatre jeunes filles soulevèrent le corps frêle de la Semeuse de lis, et le cortége funèbre se mit en marche. La neige durcie couvrait le sol et craquait sous les pieds; les arbres portaient en guise de fleurs des prismes de cristaux et des frimas étincelants comme des pierreries.

La voix tremblante du pasteur entonna les litanies de la Vierge, comme si cette longue énumération des grandeurs et des priviléges de la Reine divine qu'elle avait tant aimée et si bien servie, pouvait consoler et rafraîchir la jeune âme de la victime de Ludolf.

Mais à peine la longue file des paysans s'achemina-t-elle du côté du cimetière, que l'on vit, de chaque côté de la route, la neige s'entrouvrir en longs sillons, et de ces sillons montaient des tiges de lis à la verdure vivace, et au sommet de ces tiges s'épanouissaient des corolles luttant de blancheur avec celle des frimas. Sous le souffle léger d'un vent tiède, le parfum des corolles s'envolait à la suite de l'humble fille. De tous côtés, devançant les heures d'avril, les lis fleurissaient s'inclinant mollement vers l'enfant endormie d'un suprême sommeil.

Chacun des assistants cueillait ces tiges miraculeuses, et les jetait sous les pas du cortége; et plus s'épaississait ce tapis odorant, plus rapidement et plus haut montaient les tiges nouvelles.

Partout et sans fin germaient les fleurs merveilleuses; on eût dit qu'elles se haussaient pour toucher les vêtements de la jeune morte, et qu'elles se réjouissaient de mourir sur le sentier qu'elle parcourait pour la dernière fois.

Le vieux prêtre ne parut ni troublé ni surpris de ce spectacle. Depuis longtemps il comprenait à quel point le Seigneur daignait se révéler à cette humble créature, dont l'unique parole en ce monde avait été la parole de l'ange saluant Marie dans l'humble maison de Nazareth.

De l'oratoire à l'église, la marche du cortége fut une sorte de triomphe. Les fleurs croissaient de tous côtés. On les coudoyait, on les frôlait, on les foulait en passant. L'église s'en trouva remplie, et le cimetière paraissait un champ de lis à l'heure où la dépouille mortelle de l'Innocente y fut inhumée.

Et tandis que les assistants jetaient par brassées les lis sur sa fosse, car on voulait ensevelir sous les fleurs le corps virginal de la servante de Dieu, les voix d'êtres angéliques répétaient en chœur comme un chant d'allégresse: *Ave Maria! Ave Maria!*

Elle était morte, la Semeuse de lis! Et, dans le

paradis, les chérubins fêtaient sa venue. Elle était morte, cette simple d'esprit dont l'âme était restée tournée du côté du ciel comme le rayonnant calice des hélianthes. Elle était morte ! Mais elle laissait comme un impérissable souvenir du culte inauguré par elle, l'ermitage bâti en face de l'image sainte, et l'écho attendri de sa voix d'enfant.

Quelques jours plus tard, Ludolf payait sa dette à la justice des hommes, puis il allait subir le jugement sans appel de Dieu.

Ah ! Semeuse de lis enfant bénie, apprenez-nous à répandre autour de nous les fleurs des vertus chrétiennes, les exemples fortifiants qui produisent des fruits de vie ? Rien ne se perd dans les sentiers humains ni dans les bosquets du paradis. S'il est des semeurs d'ivraie dans les champs du Père de famille, aidons à y multiplier ceux qui sèment les lis immortels.

LA FILEUSE A LA CROIX

I

CHÉKA.

Comme, dans tout le pays, il n'était pas de fille plus belle et plus sage que Chéka, celle-ci ne tarda point à devenir l'objet de l'attention et des rivalités. Deux garçons du village s'efforcèrent surtout de la convaincre de la sincérité de leur passion : ce furent Brudo et Yrgolin. Brudo cultivait son champ, mince héritage qui lui permettait de vivre sous un seigneur que les hasards de la guerre entraînaient sans cesse loin de sa demeure. La cabane de Brudo était petite, mais elle pouvait suffire à un jeune ménage. Chéka y fut conduite un matin de printemps, tandis que les églantiers épanouis emplissaient l'air de leurs parfums. Le laboureur parla longuement et doucement à la jeune fille; lui jura de se montrer bon et patient, car elle était douce et timide; et le soir de ce jour, Chéka, repassant dans sa mémoire les paroles de Brudo, ne demandait pas mieux que de les croire. Mais au moment même où elle sentait qu'elle allait se prononcer en faveur du laboureur, Yrgolin le bûcheron s'arrêta devant la porte de l'orpheline. C'était un homme de haute taille, d'une force prodigieuse, et qui passait sa vie à abattre des chênes dans les grands bois. Ses traits étaient beaux, mais son regard manquait de franchise.

Il avait relevé jusqu'à l'épaule les manches de son costume de toile bise et, sa hache sur l'épaule, sa rude chevelure flottant en crinière sur son dos, il s'avança vers Chéka, qui filait :

— Il est temps de vous prononcer, lui dit-il; vous êtes à la fois belle et sage; la mort de vos parents vous laisse sans appui, sans ressources...

— J'ai mon fuseau, répondit la jeune fille.

— Faible moyen de gain, Chéka, en comparaison d'une cognée... Si vous le voulez, les bras que voici abattront pour vous tous les arbres de la forêt. Je possède la taille et la force d'un géant, et celle qui deviendra ma femme ne manquera jamais de rien.

— Vous vous trompez, Yrgolin, répondit la jeune

fille, elle manquerait de la plus puissante des consolations. Point n'entrez prier dans les églises, et d'aucuns l'affirment, vous reniez votre baptême comme les Turcs, que Dieu confonde !

— Je vous laisserai prier, Chéka.

— Peut-être... Mais quand même vous me permettriez de suivre ma religion, votre conduite impie raillerait ma foi, et je ne passerais pas un jour sans m'effrayer à votre sujet. Assez d'autres jeunes filles habitent autour de la ville de l'empereur Albert, que Dieu garde ! Laissez la fileuse à sa quenouille et retournez dans les grands bois.

— Vous me refusez, Chéka, vous me haïssez ?

Dieu ne me permet de haïr personne ; je vous refuse parce que j'ai la certitude que vous me feriez beaucoup souffrir.

— Vous mentez ? s'écria brutalement Yrgolin ; vous me tenez en mépris parce que vous comptez épouser Brudo.

— Cela ne regarde que moi, lui et Dieu.

— C'est votre dernier mot ?

— Le dernier.

— Vous vous repentirez, Chéka !

— On ne se repent que du péché.

Cette scène, dont Chéka garda une impression pénible, la décida à hâter son mariage. Le chapelain du château l'unit à Brudo.

Le soc et le fuseau suffisaient pour amener au logis une aisance modeste, et Chéka se trouvait heureuse. Le souvenir d'Yrgolin s'était presque effacé de son esprit quand, revenant un jour de l'office, elle aperçut à la porte d'une taverne son mari et le bûcheron. Celui-ci s'approcha sans embarras de la jeune femme, lui raconta son excursion en Bohême, et lui demanda si elle acceptait de partager le dîner qu'il venait d'offrir à Brudo.

— Merci, répondit-elle; je rentre avec mon mari.

— Non point! répliqua Yrgolin; je garde Brudo, ou je le déclare indigne du nom d'homme, et bon tout au plus à tenir vos échevaux de lin.

Le laboureur eût préféré reconduire Chéka chez elle; un faux amour-propre le retint. Il ne voulut point qu'on pût le croire sous la dépendance de sa femme, et celle-ci partit seule. Au milieu de la nuit, Brudo rentra ivre, titubant, ignoble, et Chéka pleura pour la première fois depuis son mariage.

Elle hasarda le lendemain de timides reproches; le laboureur, revenu à la raison, s'excusa, promit de ne plus retomber dans une pareille faute. Mais aux champs Yrgolin vint le trouver et le décida a le suivre à la ville pour y souper. Le bûcheron avait-il trouvé un trésor ou détroussé un voyageur? Nul n'aurait pu le dire: mais les florins tintaient dans son escarcelle et il les changeait joyeusement contre de la bière ou de l'hypocras. Pendant toute la nuit Brudo, alléché par l'espoir d'un gros gain, remua les dés avec frénésie, et, quand le matin parut, n'osant pas regagner sa demeure, il s'en alla à son travail après avoir donné rendez-vous à Yrgolin.

En un mois le bonheur de Chéka fut perdu sans retour. Le faible caractère de Brudo plia sous la domination malsaine du bûcheron.

La malheureuse créature épuisa tous les moyens de persuasion pour ramener à elle son mari ; la foi de celui-ci, sapée par les blasphèmes et les discours impies du bûcheron, semblait avoir sombré à jamais dans son âme. Yrgolin, qui remuait si aisément jadis les florins, se trouva subitement au dépourvu, et ce fut Brudo qui, à son tour, paya les liqueurs enivrantes. Quand il manqua d'argent en demanda à Chéka. La malheureuse fila le jour et fila durant les nuits, jusqu'à avoir les lèvres brûlantes et les doigts ensanglantés. Elle filait pour ne pas entendre résonner à son oreille la voix terrible de Brudo, pour ne pas sentir son corps broyé sous les coups.

Elle devint blanche comme la neige et faible à mourir. Mais Dieu, la jugeant assez éprouvée, lui envoya une consolation inattendue. Dans cet enfer descendit un ange, et le jour où la fileuse pria près du berceau de Moda, elle se crut sauvée du désespoir et forte contre la douleur.

La naissance de cet enfant coïncidant avec le départ du bûcheron, une sorte de trêve fut donnée à la jeune femme. Si dégradé qu'il fût déjà, Brudo se sentit remué. Il se prit à regarder longtemps l'enfant débile, dont le visage reproduisait vaguement la beauté suave de Chéka quand elle avait seize ans et qu'elle s'épanouissait à la vie sans prévoir quels orages la briseraient un jour. Brudo cessa de battre la pauvre martyre, dont l'enfant devenait le bouclier. La fileuse essaya de ramener à Dieu et au devoir l'égaré qui semblait comprendre l'odieux de sa conduite, et elle se flattait d'y réussir, grâce aux premières caresses de Moda, quand le bûcheron reparut au village.

Il reprit son influence sur le mari de la fileuse, et celle-ci devint d'autant plus à plaindre que l'enfant, qui croissait en âge, paraissait déjà comprendre l'odieux de la conduite paternelle et tremblait de terreur quand Brudo, qui passait souvent plusieurs jours hors de chez lui, y rentrait ivre et à demi fou.

Jamais cependant Chéka n'accusa Brudo devant Moda ; elle s'efforçait, au contraire, de lui conserver la tendresse et le respect de son fils.

Hélas ! elle devenait bien faible, la pauvre Chéka le fuseau tournait encore dans ses doigts diligents, mais sa taille frêle se courbait, tandis que celle de Moda prenait une force juvénile.

— Un soir Brudo rentra fatigué, morne, assez las ou assez malade pour ne maltraiter personne. Il se jeta sur son lit et y resta sans mouvement jusqu'à ce que, vers le milieu de la nuit, il appela Chéka et lui demanda à boire.

— J'ai la poitrine en feu, dit-il, il me faut tout de suite un breuvage capable de me soulager.

Chéka jeta des simples dans un vase d'eau bouillante et présenta un gobelet rempli de cette tisane à Brudo, qui se tordait, en proie à d'atroces douleurs.

Un quart d'heure après il cria de nouveau :

— J'ai une fournaise en moi ! ... A boire ! ... à boire ! ...

La miséricordieuse Chéka s'empressa autour du malade, qui put enfin reposer vers l'aube. Quand il s'éveilla il essaya de se lever, mais il retomba sur sa couche et poussa un gémissement dans lequel s'étouffa un blasphème.

Vers midi son mauvais ange, Yrgolin, apparut dans la cabane. Il ne parut voir ni Moda ni sa mère, s'assit à côté du lit de Brudo, critiqua la façon dont Chéka avait préparé le breuvage, remua les fagots d'herbes sèches composant ses uniques remèdes, fit boire un gobelet de tisane à Brudo, puis il sortit en jetant sur la pauvre femme un singulier regard.

Les souffrances du paysan recommencèrent d'une façon alarmante. La fièvre brûlait son sang, le délire s'emparait de son cerveau. Il souffrait dans tous les membres, et sa femme conçut de telles angoisses, qu'elle envoya Moda chez le chapelain du château ; la chrétienne ne voulait pas que l'homme dont elle avait subi tant de traitements odieux expirât sans s'être réconcilié avec le ciel. Avec le prêtre il semble que le calme eût dû pénétrer dans la maison. Mais Brudo, le voyant entrer, se dressa sur son lit et cria, en entr'ouvrant ses grossiers vêtements :

— Toutes les flammes de l'enfer me brûlent !... Je ne souffrirai jamais davantage !... Dieu soit maudit !... pour me condamner à de semblables tortures !

Et s'emportant de plus en plus, ivre de rage, et sous l'empire d'un délire mortel, Brudo fut pris d'un accès terrible auquel succéda brusquement une torpeur dont il devint impossible de le tirer.

— Priez, Chéka ; prie, Moda, mon enfant ; priez et pardonnez tous deux, dit le prêtre.

— Que la *Vierge de Marbre* le sauve! messire chapelain, et je lui porterai un gros cierge.

Hélas! la pensée ne devait plus traverser le cerveau atrophié du joueur et de l'ivrogne, des spasmes, un cri étranglé, un regard effaré se fixant dans le vague, et ce fut tout: Brudo était mort.

Chéka prit son meilleur drap, ensevelit le cadavre, mit une croix sur le cœur qui avait renié Dieu; puis, tombant à genoux, elle pria en pleurant le Seigneur d'avoir pitié de l'âme qui venait de remonter vers lui.

II

ACCUSATION.

Tout à coup Moda tressaillit; le bruit d'une foule agitée, courant, parlant, criant, le tira de sa rêverie, sans troubler la prière de sa mère. Les noms de Brudo et de Chéka se confondaient dans une clameur, et les hommes, les femmes, les enfants, se pressaient autour d'un personnage austère représentant la justice dans la juridiction des comtes de Listin. Moda, respectant la douleur de sa mère, marcha vers la porte, l'ouvrit et se plaça sur le seuil les deux bras étendus afin d'interdire l'entrée de la chambre mortuaire à ceux qui paraissaient songer à l'envahir.

Tout le monde connaissait, estimait et chérissait le jeune clerc; aussi à son aspect la foule laissa échapper une exclamation de pitié.

— Que voulez-vous, messire? demanda l'adolescent au magistrat.

— Votre père est mort?

— Hier, oui, messire, et ma mère prie à côté de sa dépouille.

— Mon enfant, répondit le juge d'une voie adoucie par la pitié, nous avons un mandat à remplir.

— Chez nous?... Ma mère n'est point en état de vous entendre, messire; elle prie Dieu et pleure son mari.

— Il n'y a point d'heure pour la justice.

Moda s'effaça, laissa passer le juge et ses greffiers puis, touchant doucement l'épaule de Chéka:

— Mère, dit-il, mère, courage.

Le magistrat fixa des yeux scrutateurs sur le visage de la veuve; une sorte d'indécision se traduisit sur sa physionomie. Après avoir étudié la tremblante créature qui se tenait debout devant lui:

— Pourquoi priez-vous pour celui qui fut votre bourreau?

— J'obéis à la loi de la miséricorde.

— On sait dans le pays avec quelle dureté se conduisait Brudo à votre égard. Vous vous êtes montrée patiente, et si, dans une heure d'égarement, vous avez souhaité la délivrance, vous avez été poussée à bout.

— Je n'ai pas même demandé la délivrance dont vous parlez... La volonté de Dieu soit faite en toutes choses!

— Découvrez le visage du mort, reprit le juge.

— Seigneur! que voulez-vous voir? répondit Chéka; le malheureux a trépassé dans d'horribles souffrances...

— On le dit, ajouta le mire, qui se rapprocha vivement de la misérable couche.

La veuve essaya d'empêcher le magistrat de dévoiler la face convulsée du trépassé; mais Moda, avec un geste plein d'autorité, rabattit le drap sur la poitrine du mort et attendit.

— Oui, répéta le mire, il a beaucoup souffert... De quoi se plaignit-il, surtout?

— Il criait sans repos: J'ai soif!... ma poitrine est une fournaise!...

Tandis que le mire écrivait sur ses tablettes, le juge ouvrait le bahut, dérangeait les vases de grès placés sur la table, et trouvant une écuelle renfermant le reste d'un breuvage préparé pour Brudo, il la passa au médecin qui le goûta avec précaution, fit un geste significatif et posa l'écuelle de hêtre sur le bahut.

Le juge continuait son investigation. Derrière une grossière statuette de la vierge, il découvrit un paquet d'herbes médicinales.

— Que dites-vous de ceci? demanda le magistrat au mire.

— Cet homme est mort empoisonné! répondit le mire; empoisonné à l'aide du suc des plantes que vous tenez dans votre main.

— Empoisonné! s'écria Chéka, empoisonné!... Je n'ai jamais cueilli ces herbes; j'ignorais leur existence dans la maison... Cela n'est pas, cela est impossible, messire juge. Qui donc aurait commis le crime? qui donc aurait envoyé avant l'heure ce malheureux devant le tribunal de Dieu?

Le juge regarda la veuve avec une obstination persistante, puis il lui répéta:

— Vous étiez malheureuse; Brudo, joueur et débauché, vous battait et vous dérobait, pour ses orgies, le produit de votre travail?

— La paix soit aux morts! répondit Chéka; je suis chétienne et j'oublie.

— Vous êtes femme et vous vous êtes vengée.

— Moi, Seigneur! moi, comment? de qui? Je ne comprends plus!... Ma tête est faible... j'ai beaucoup pleuré, messire juge... Le Sauveur, mis en croix pour le salut des hommes, sait que mon cœur est en paix...

Moda s'élança vers la veuve:

— Ma bien-aimée mère, dit-il, non, vous ne pouvez comprendre, mais je devine, moi!... On vous accuse d'avoir empoisonné votre mari, on vous accuse d'avoir tué mon père!... Vous êtes une sainte, on veut faire de vous une martyre!...

Chéka tendit les bras vers le juge:

— Est-ce vrai, dites, messire, est-ce vrai?

— Vous avez été dénoncée par Yrgolin.

Alors je suis perdue, répliqua la fileuse; cet homme a sur ma vie une influence terrible... Il détourna Brudo de sa maison; il lui donna de dangereux exemples... Il m'avait bien dit, quand j'ai refusé de l'épouser, qu'il me ferait expier mes mépris... Il tient cruellement parole.

— Yrgolin assumerait sur lui une responsabilité terrible.

Il ne croit pas en Dieu, et peut-être pense-t-il que Satan le garde!

— Vous jurez que vous êtes innocente?

— Je le jure devant le cadavre du père de mon enfant.

— C'est bien, la justice pousuivra. En attendant la fin du procès, vous serez conduite en prison.

Un sanglot souleva la poitrine de la fileuse.

— Lourde, bien lourde est ma croix! dit-elle; mais le Seigneur lit dans mon âme, et il me viendra en aide.

Moda se jeta dans les bras de Chéka.

— Je crois en toi, dit-il, et je t'aime!...

— Alors qu'importe le jugement des hommes, dit la veuve; j'ai pour moi Dieu et mon enfant.

On l'entraîna garrottée jusqu'à la prison seigneuriale, et, en dépit de ses instances, Moda ne put obtenir qu'on le retint captif en même temps que sa mère.

L'instruction du procès fut rapide. Les accusations formelles d'Yrgolin se trouvaient appuyées par le genre de mort de Brudo, l'intérêt que Chéka avait à en être délivrée et la découverte des plantes vénéneuses.

Moda, qui n'avait point obtenu l'autorisation de voir sa mère, allait de la demeure du juge à celle du chapelain; puis il revenait s'asseoir en face des fenêtres grillées de la prison.

Le chapelain n'oubliait point l'infortunée; il priait pour elle et faisait prier les habitants du village. Enfin Chéka fut prévenue que le lendemain elle passerait en jugement. Le prêtre alla voir Yrgolin et lui demanda, au nom de son salut, qu'il retirât son accusation; mais le misérable répéta, au milieu de blasphèmes, que la mort de la veuve serait le juste châtiment de son crime.

La pauvre créature, assise sur une poignée de paille, regardait se lever le jour qui devait éclairer son triomphe ou voir se consommer l'œuvre d'iniquité de son ennemi. Elle avait tant pleuré qu'elle n'avait plus de larmes. Tout à coup une expression de joie ranima subitement son visage ; elle venait de se souvenir que maintes fois dans ses causeries du soir Moda, lui racontant de saintes légendes, lui avait parlé de la chapelle vénérée de la *Vierge de Marbre.* Ce fut comme une inspiration et, s'agenouillant, elle dit à haute voix :

— En présence des anges qui m'écoutent et pour honorer la Vierge miraculeuse dans la passion de son divin fils, je fais le serment, si j'échappe à la condamnation dont je suis menacée, de passer désormais à filer tous les jours de ma vie et d'amasser le gain de mon labeur pour faire construire sur la route allant de Vienne à Bade un monument destiné à témoigner des miracles de Notre-Dame.

Chéka avait un caractère simple et doux, il lui sembla que son vœu montait au ciel ; elle retomba sur sa couche et s'endormit. Elle sommeillait encore vers dix heures, quand le guichetier l'éveilla en lui disant d'une voix brutale :

— Messires les juges vous attendent.

La veuve se leva et suivit le guichetier.

III

LE FER JUDICIAIRE

Une grande foule remplissait la salle du tribunal. Éblouie par une clarté subite, Chéka ne distingua rien au premier moment; mais elle vit bientôt, et presque à la fois, le grand crucifix dominant la table autour de laquelle se trouvait les juges et Moda fixant sur elle un regard rayonnant de tendresse.

Peu de gens parmi ceux qui connaissaient la veuve la croyaient coupable; mais les amis de Brudo, les taverniers, les compagnons dévoués d'Yrgolin, accusaient l'infortunée. Les questions qui lui furent adressées reproduisirent d'une façon presque identique son interrogatoire sommaire. Chéka répondit avec la même tranquillité, mais sans rien gagner sur l'esprit des magistrats. Tout concourait pour l'accuser. On trouvait chez elle le cadavre d'un homme empoisonné et les plantes ayant servi à la perpétration du crime. On la savait malheureuse; après avoir souffert longtemps elle s'était révoltée contre la douleur et avait rendu une mort foudroyante en échange du long martyre qu'elle subissait depuis près de vingt ans. Chéka ne se défendait plus avec l'espoir de convaincre les magistrats. Elle finissait par s'abandonner à son sort. Mais Moda, son cher et bien-aimé Moda, qui l'aimerait quand elle serait partie!

L'opinion des juges fut unanime et Chéka s'entendit condamner à mort.

Elle se leva très-pâle, mais fort calme :

— Messires, dit-elle, j'ignore les lois; mais il me semble avoir entendu dire que lorsqu'un accusé, protestant de son innocence, se trouvait en face d'un témoin dont la déposition devait le perdre, il avait le droit d'en appeler à Dieu.

Je demande donc l'épreuve par l'eau, par le fer ou par le feu, et, sûre d'avoir le Seigneur pour moi, j'attends de sa bonté le triomphe de mon innocence.

En entendant ces paroles le peuple battit des mains.

Non-seulement cette demande était un hommage rendu à Dieu, mais elle promettait un de ces spectacles dont les foules se montrent cruellement avides.

Les juges délibérèrent un court moment; puis, le premier des magistrats se levant, prononça ces mots d'une voix solennelle:

Dans son désir de vous voir justifiée, la justice agrée votre demande : vous êtes admise à subir l'épreuve du fer rouge, que vous devrez prendre dans vos mains et porter autour de la place disposée pour le jugement de Dieu. Si vous sortez victorieuse de l'épreuve, celui qui vous accusa faussement et méchamment, subissant la peine de sa calomnie, sera branché haut et court jusqu'à ce que la mort s'ensuive.

— Merci, messire, dit la fileuse en tendant ses bras liés vers le crucifix.

Mais en ce moment Moda, quittant sa place, bondit dans l'enceinte du tribunal. Ses yeux brillaient d'enthousiasme et sa voix vibrait sous l'impression d'un sentiment héroïque quand, s'adressant au magistrat, il lui dit en désignant la fileuse :

— Regardez-la! regardez-la bien cette accusée qui fut une épouse patiente, une mère tendre, une fervente chrétienne... Les longues privations subies par elle, les souffrances intimes, l'effroi qui a succédé à la perte de mon père, la rendent incapable de soutenir l'épreuve qu'elle réclame. Mais cette épreuve, que ses souffrances et sa débilité rendont impossible, un autre peut la subir à sa place, et cet autre, messire, ce sera moi !

— Vous ? répéta le juge avec une surprise mêlée d'admiration.

— Moi ! répéta le jeune homme avec une généreuse exaltation ; moi, son fils !

Une longue exclamation s'éleva dans la salle :

— Bien parlé, Moda !... longue vie à ta mère !...

— Messires, dit le chapelain en s'avançant, l'épreuve à laquelle sont soumis les accusés n'est pas inutilement appelée *jugement de Dieu*. Moda fait appel à la justice du ciel, accordez la requête de Moda.

— Mon enfant ! mon enfant ! murmura la mère éperdue.

Moda tomba à genoux devant Chéka.

— Ma cause est juste, dit-il, daignez me bénir.

La malheureuse femme posa ses mains sur le front de l'adolescent.

— Ah ! dit-elle, tu me payes de quinze années de tendresse. Mais je ne puis...

— Prenez garde, ma mère ! fit Moda en se relevant, on va croire que vous tremblez pour moi.

Puis couvrant de pleurs et de baisers les mains de la fileuse :

— Yrgolin vous a calomniée d'une façon infâme : il appartient au fils de rendre à sa mère la couronne d'honneur à laquelle elle a droit.

— Moda! Moda!... Le fer judiciaire! répétèrent cent voix.

— Acceptez-vous? demanda le premier des juges.

— J'accepte! répondit l'accusée la main étendue vers le Christ.

— Or donc, poursuivit le juge en se levant, à la fin de la semaine, et après avoir invoqué le Seigneur, la foule, conviée sur la grande place, assistera à l'épreuve judiciaire imposée à Chéka pour se laver du crime dont on l'accuse. Son fils est reçu en qualité de champion au nom de la sainte Trinité. Si Moda porte dans ses mains sans se brûler une barre de fer rouge, Chéka sera publiquement déclarée innocente.

Une acclamation de la multitude accueillit ces paroles.

— De plus, reprit le juge, si l'accusé sort victorieux de l'épreuve à la grande confusion d'Yrgolin qui nous a dénoncé la mort de Brudo, en nous apprenant qu'il avait succombé a un empoisonnement, Yrgolin, convaincu de calomnie pouvant entraîner la mort, sera remis aux mains du maître des hautes œuvres.

En dépit de son audace Yrgolin ne put s'empêcher de pâlir.

— Persistez-vous dans votre déclaration? reprit le juge.

— Oui, répondit Yrgolin d'une voix troublée.

— Messires juges, dit le chapelain, laissez faire la justice de Dieu.

Après avoir une dernière fois serré son fils sur son cœur, Chéka fut ramenée dans son cachot.

Dès le lendemain, les charpentiers s'occupèrent à tout disposer pour l'heure solennelle.

La grande place fut entourée de pieux; une corde énorme servit de barrière afin d'empêcher les spectateurs de trop s'approcher; un vaste échafaud, tendu de riches étoffes, fut disposé pour les habitants notables du pays, le populaire devait se tenir rangé décemment contre les poteaux ceints de fortes cordes de chanvre.

— De toutes les personnes portant intérêt au châtiment du coupable qu'allait désigner le ciel, il n'en était pas de plus tranquille que Moda : celui-ci attendait avec impatience l'heure assignée pour l'épreuve, car il avait hâte de serrer sa mère entre ses bras? mais il n'éprouvait ni crainte ni trouble.

Enfin le matin du jour fixé se leva. Dès l'aube une foule compacte environnait l'autel de la petite église : on venait prier pour le fils de la fileuse.

Celui-ci se confessa avec humilité, reçut l'Eucharistie, puis il demeura dans la chapelle, attendant que le son des trompettes et le bruit plus sourd des cloches l'avertissent qu'il pouvait entrer dans la lice judiciaire.

L'échafaud drapé de rouge, pliait sous le poids des spectateurs ; une foule considérable se massait derrière la barrière de cordes et de pieux. Dans les entretiens animés auxquels le jugement a intervenir donnait lieu, les avis divers s'échangeaient. Mais si les opinions différaient, presque tous les curieux faisaient des vœux pour l'héroïque Moda.

L'éclat des trompettes, le glas des cloches, les juges, vêtus d'écarlate, s'avancèrent en grand appareil et prirent place dans le champ judiciaire. Enfin parurent des hommes d'armes soutenant, plutôt qu'ils ne l'accompagnaient, Chéka vêtue d'un habit de deuil et chargée de chaînes. Peu après on vit s'avancer le chapelain sa main droite sur l'épaule de Moda, vêtu d'une sorte de sayon blanc laissant voir ses bras entièrement nus... Il souriait l'héroïque Moda, et son premier regard chercha sa mère.

Le juge fit jurer à Moda, la main sur l'Évangile,

qu'il ne portait sur lui ni pacte ni maléfice, qu'il n'avait point de connivence avec le diable et s'en remettait à Dieu.

— J'ai pour moi le Christ et mon bon droit! répondit le fils de Chéka.

A la même question, qui lui fut adressée d'une façon aussi solennelle, Yrgolin répondit qu'il persévérait dans son accusation.

Tandis que le champion de Chéka et l'ennemi mortel de la veuve remplissaient la formalité du serment, le bourreau achevait de lier une corde neuve à la haute potence dressée en face du réchaud dans lequel ses aides faisaient rougir une énorme barre de fer.

La foule ne quittait plus des yeux Moda, qui écoutait les pieux encouragements du prêtre; ses regards s'efforçaient de rassurer Chéka, mourante d'angoisse et sur le point de défaillir.

Enfin le bourreau descendit de son échelle; la barre de fer était d'un rouge vif, à peine adoucie par de légères cendres blanches.

Tout est prêt, dit-il.

Le prêtre devança Moda, leva la main et dit à voix haute:

— Je bénis le *fer judiciaire*, le fer de l'épreuve! Que, pour la gloire de la Trinité sainte et de madame la Vierge, il reste inoffensif dans les mains du champion de l'innocence.

Moda rejoignit le chapelain et tendit les bras en avant.

Le bourreau saisit avec des pinces le fer incandescent et le plaça dans les mains de Moda. La fileuse cacha ses yeux sous ses doigts crispés et cria :

— Pitié! je demande qu'on me tue!

Et la foule debout, battant des mains, répondit :

— Los à madame la Vierge!... Louange à l'enfant privilégié!...

L'adolescent faisait lentement le tour de l'arène, le front haut, le sourire aux lèvres, sans paraître lassé du poids de l'énorme barre de fer; il la portait toute rouge sur la paume délicate de ses mains.

La multitude l'acclamait en pleurant; et quand Moda, ayant accompli son épreuve, jeta sur le sol le *fer judiciaire* et courut se prosterner devant sa mère, l'attendrissement de la foule fut sans bornes;

Les femmes jetèrent aux pieds de l'enfant, qui détachait les chaines de l'accusée, des fleurs, des bijoux, des escarcelles gonflées d'or. La foule était si occupée de les fêter, qu'elle oublia le coupable, et ce fut seulement quand les premiers moments d'attendrissement et d'admiration furent calmés, que l'on se souvint d'Yrgolin.

Alors le bourreau le montra au sommet de la potence : il avait le visage tuméfié et paraissait porter sur la face, avec les vestiges d'une atroce souffrance, les stigmates d'un tardif remords.

IV

LE MONUMENT.

A partir du jour où Chéka fut ramenée dans sa cabane, la vie qui pour elle avait été une si rude école, changea tout à coup d'aspect. La conduite de Moda inspira une si grande sympathie, que le dévouement de tous les braves gens lui fut acquis. Il profita de la bonne volonté de l'un deux pour se faire admettre chez un maître imagier. Connaissant le vœu de sa mère, l'adolescent souhaitait de s'y associer dans la mesure de ses forces. Tandis qu'il creusait la pierre, façonnait le bois, pétrissait la glaise, il rêvait au monument qui s'élèverait un jour sur la route de Bade à Vienne.

Son crayon ingénieux en esquissait l'ensemble, en dessinait les détails. Il mettait dans ses études une passion qui l'aida rapidement à triompher des premières difficultés. Son maître répétait qu'il irait loin; ses camarades l'estimaient sans l'envier, et quand Moda réussissait une figure naïve destinée au portail d'une chapelle, ses compagnons disaient en souriant :

— Il est inutile que nous cherchions à lutter contre Moda ; les mains qui portèrent la barre de fer rouge sont des mains bénies !

Nul ne jouissait plus des succès du jeune homme que Chéka. Le souvenir des jours mauvais s'enfonçait pour elle dans une nuit lointaine; elle priait sans amertume pour l'âme de Brudo, et sa charité allait jusqu'à implorer la miséricorde divine en faveur d'Yrgolin.

La cabane de la veuve avait pris un aspect riant. Souvent Moda obtenait de son maître l'autorisation de travailler dans l'enclos entourant la maison. A l'ombre de quelques arbres il maniait la scie et le maillet, trouvant dans l'entretien, dans la présence de sa mère un encouragement et une inspiration. Pendant que son fils créait des figures de saintes et de martyrs, Chéka, assise sur une escabelle, filait sans relâche, entassant écheveaux sur écheveaux. On ne tarda point à savoir dans la ville que la mère de Moda avait promis de consacrer le produit de son travail à l'érection d'un monument pieux, des dames de haute lignée, de riches commerçants s'adressèrent à elle. Sur son fuseau habile s'enroulait du fil assez fin pour qu'on en pût tisser les linges de l'autel. Nul ne marchandait son travail; on aurait cru commettre un crime en discutant les prix de celle qui sacrifiait tout à l'accomplissement de son vœu.

Bientôt autour de la maison s'entassèrent des blocs de pierre. Chaque fois que la veuve touchait le prix de son salaire, elle faisait apporter une pierre nouvelle; et, si fatiguée qu'elle fût, la vue de ce granit lui rendait du courage.

Mais qu'étaient ces masses informes sans l'outil de l'ouvrier, le ciseau de l'artiste? A partir du jour où Joda se sentit capable de travailler seul il divisa sa vie en deux parties égales: l'une occupée à des ouvrages payés largement par les prieurs d'abbayes ou les maîtres de châteaux; l'autre consacrée à l'œuvre maternelle. Enfin, il acheva le plan de la croix commémorative de *l'épreuve judiciaire*, et Chéka, émerveillée, se pencha sur un dessin qui lui fit verser des larmes de contentement. Ce croquis représentait un monument haut de trente-six pieds, d'une forme élégante, élevant ses arcs légers vers le ciel. A l'abri de niches ogivales, des figures représentant Dieu le Père, le Sauveur, la Mère douloureuse et des scènes de la Passion, se dressaient sur des piédestaux. Le monument reposait sur trois marches de pierre, où les fidèles pourraient s'agenouiller.

Cependant Chéka devenait bien faible; plus d'une fois elle tomba, laissant échapper son fuseau. A demi évanouie, et sentant que sa vie s'en allait comme vacille la clarté d'une lampe prête à s'éteindre, elle répétait:

— Seigneur, laissez-moi seulement achever l'œuvre!...

Et, reprenant sa tâche, elle filait encore, elle filait toujours.

Sur la route de Vienne à Bade, les trois marches du monument se trouvèrent posées; le soubassement à larges contre-forts sortit de terre; les ogives apparurent sur cette base; il fut permis de voir lentement, progressivement se creuser les niches et s'effiler les clochetons. Tandis que les économies de Chéka soldaient le labeur des ouvriers, les statues s'achevaient dans le rustique atelier du jeune imagier: elles semblaient vivre d'une vie surnaturelle. Jamais artiste ne mit une part plus grande dans son âme, dans son labeur, que ne le fit Moda en créant ces célestes figures. Quand le soir, à la clarté adoucie de la lune, le fils et la mère, la main dans la main, contemplaient ces statues baignées de lueurs indécises ou noyées dans l'ombre du feuillage, ils se croyaient transportés dans un monde à part, et plus d'une fois ils s'imaginèrent voir les mains de pierre de ces images se lever lentement pour les bénir.

Les assises montaient, les statues bienheureuses peuplaient le verger de la veuve: ses doigts tremblants tournaient encore le fuseau, et les florins pleuvaient dans son escarcelle. Mais son souffle devenait haletant, son regard fiévreux; Chéka s'épuisait chaque jour davantage.

Le mire consulté affirma qu'elle n'avait pas longtemps à vivre si elle continuait à filer; mais elle n'en poursuivit pas moins son labeur.

—Il reste encore à payer la croix qui couronnera la fine toiture, ô mon fils! Dieu permettra que je complète le poids du fil attendu par le tisserand.

—Jacobi a offert cent fois de travailler sans salaire.

—Dieu lui tiendra compte de cette pensée généreuse; mais j'ai promis de gagner en filant le salaire des ouvriers.

Un soir Chéka s'évanouit au pied de la croix. Ce fut dans les bras de son fils qu'elle revint au sentiment de la vie.

— Ah! chère et cruelle mère! — s'écria Moda.

— Quel beau songe! répondit la fileuse. Je me trouvais transportée dans les jardins du paradis;

assise sur un trône de lis, la Vierge filait, envoyant au loin sur les brises d'automne les fils de soie tombés de sa quenouille, et que les enfants poursuivaient sur les buissons. De chaque côté de Marie se tenaient deux fileuses saintes par leur vie, grandes par leur héroïsme, et dont tu m'as lu les légendes... la Bergère de Nanterre, qui osait discuter avec le Fléau de Dieu, et la Pastoure de Vaucouleurs, dont le bûcher fut dressé en France il y a quelques années. Et moi je m'avançais entre deux anges graves et doux, tremblante à l'idée du jugement, et tenant dans mes mains mon fuseau et ma quenouille, les yeux fixés sur Marie.

— Voici ma fileuse! dit la Vierge.

Elle fit un signe aux deux saintes et mes pauvres vêtements se trouvèrent remplacés par une robe magnifique.

— J'habille ainsi mes fidèles! ajouta madame Marie.

Un grand concert éclata, puis les nuages se déchirant j'aperçus le monument élevé à la gloire du Sauveur sur la route de Vienne à Bade... Les anges le couvraient de fleurs effeuillées et balançaient des vases d'or remplis de parfums. Et dans les cantiques des vierges, dans le chant des anges, revenait le nom de ta mère, ô mon fils bien-aimé ! de ta mère qui, ressucitée dans la gloire du

Sauveur, s'appellera au paradis *la Fileuse à la Croix*.

Moda éclata en sanglots, souleva la veuve dans ses bras et l'emporta en courant.

Pendant plusieurs jours il fut impossible à Chéka de quitter son lit; le prêtre ne chercha pas à rattacher son âme à la terre, il se contenta de lui parler de Dieu et de sa vision.

— Je vivrai encore quelques jours, dit la veuve, car la croix du faite n'est pas encore payée!

Dès qu'il lui fut possible, Chéka se traîna vers le monument, s'assit sur les marches et reprit sa quenouille.

Pendant la journée le maçon vint poser la croix couronnant le grand Calvaire et y attacher un bouquet. La veuve puisa dans son escarcelle de cuir, en tira les pièces de monnaie, les compta péniblement, puis les remettant à l'ouvrier:

—Le compte y est-il?

—Oui, Chéka, et les balances du Seigneur ne sont pas plus justes.

Alors, c'est fini!... bien fini!... Agenouille-toi, Moda, ta mère te bénit; ta mère te rends grâce pour le bonheur qu'elle t'a dû en ce monde!... Elle ne te quitte point, elle va t'attendre!...

Le chapelain vint bénir la veuve mourante.

Moda coucha pieusement sa mère sur les degrés

de la croix; en un instant on dépouilla les buissons de leurs dernières fleurs pour en former l'oreiller de la veuve. Le peuple accourut des villages et de la ville; on n'était pas loin de considérer Chéka comme une sainte, et bien des gens affirmèrent que les cloches avaient sonné toutes seules la paisible agonie de la vieille femme.

Dans le cercueil de l'humble et croyante créature furent placés sa quenouille et son fuseau, et le monument érigé par sa piété a gardé le nom de *Spinnerin am Kreuz:* LA FILEUSE A LA CROIX.

LA BRODEUSE D'OR

I

Elle était si pâle qu'on l'avait surnommée Blanche-Fleur, et dans tout le quartier on la connaissait seulement sous cette appellation, bien que sa mère eût, le jour de son baptême, déclaré la mettre sous la protection de la Vierge. La pauvre créature restait si faible, que chaque année voisins et voisines déclaraient qu'elle ne survivrait point à la chute des feuilles. Et cependant Blanche-Fleur continuait à sourire de ce sourire rempli de mansuétude et de résignation qui raconte la vie des éprouvés. Elle perdit son père le jour où on la déposa dans son berceau. Blanche-Fleur porta le deuil avant de comprendre la vie, et les larmes de sa mère baignèrent son front quand on la rapporta de l'église, pure comme un ange dont l'âme vient de s'épanouir sous le souffle de Dieu.

La jeune veuve, dont le cœur se trouvait prématurément brisé, se réfugia dans la miséricorde de Celui qui ne trompa jamais notre espérance, et bien que privée du salaire de son mari, elle pourvut à ses dépenses et aux besoins de l'enfant. La tristesse planant sur la fille de Gervaise, parut exercer sur elle une constante influence. Son visage, d'une beauté touchante, s'imprégna vite d'une mélancolie intime; elle ignora les jeux de son âge, et dès qu'elle sut lire elle s'absorba dans l'étude de la « *Légende dorée* ». Une foi rigide n'eût point satisfait cette âme virginale, elle se plaisait à la dilater dans un sentiment plus doux. La vie des saints, le récit de leurs miracles la plongeait dans des rêveries dont le résultat surprenait sa mère; l'enfant sentait et pensait avant de raisonner. Elle aimait la nature à la manière des cénobites et des saints, et la rapprochait d'elle comme le bienheureux d'Assise. La plante, l'oiseau, l'insecte la captivaient; elle les aimait moins pour leur beauté et leur grâce que parce qu'elle y voyait des créatures sorties des mains de Dieu, et que saint François appelait ses frères et ses sœurs. Elle grandit de la sorte dans une maison croulante et noire, dont la mère occupait une chambre, comme une abeille l'alvéole d'une ruche. Dans ce grand bourdonnement de travail, secouant la maison du comble aux entrailles, Blanche-Fleur ne distinguait que le cantique qu'elle chantait, écho de la voix des anges entendue pendant son sommeil.

Gervaise était ouvrière et cousait tant que durait le jour, tant que l'huile servait à prolonger la nuit. Le travail manquait souvent; alors la veuve et l'orpheline s'en allaient vers l'église prochaine demander le pain quotidien au Sauveur, qui a promis d'avoir soin des enfants des justes.

Certes, on estimait grandement Gervaise, mais elle ne se montrait point assez communicative pour qu'on l'aimât jusqu'au dévouement. Sa réserve, mêlée de fierté, refroidissait les bonnes volontés à son égard. Sa résignation était taxée d'apathie; on lui faisait presque un crime de prier. N'aurait-elle pu se plaindre comme la plupart, et maudire Dieu avec quelques-unes?

Mais le cœur de Gervaise, attristé par un grand deuil n'avait besoin ni de consolations vulgaires ni d'amitiés banales. Son âme se relevait par la foi, et sans demander au Seigneur raison de la durée de son épreuve, elle l'acceptait comme sa part de l'héritage de la croix.

Cependant, au milieu de sa vie de labeur et de souffrance, l'espoir souriait encore. Gervaise songeait au temps où Blanche-Fleur, devenue grande, l'aiderait dans son travail ingrat, et doublerait les revenus de la pauvre maison. Chaque hiver en passant avec lenteur, chaque printemps en ramenant les lilas, mettaient une grâce sur le front de l'enfant frêle. La mère comptait bien que la petite fille coudrait comme elle; mais un jour, en sortant de l'église, Blanche-Fleur lui dit:

— Mère, si tu le veux j'apprendrai à broder des chappes d'or, des étoles et des chasubles. Il me semble qu'en m'occupant des ornements de l'autel, je sanctifierai davantage ma vie. Sans cesse je penserai aux belles cérémonies auxquelles j'assiste le dimanche; les pales destinées à couvrir le calice me rappelleront le sacrifice de la messe; les chappes d'or, les échappes, la bénédiction du sacrement divin. Les ors frisés, les pasquilles longues destinées à figurer des grains de froment, ou les grains de la vigne, me feront souvenir des mystères sacrés. Permets que toute ma vie soit de la sorte plus intimement offerte au Dieu qui me créa pour lui !

Un baiser fut la réponse de Gervaise.

Mais la veuve ne connaissait point de brodeuse

en or; surmontant sa timidité et tenant l'enfant par la main, elle attendit un jour un prêtre au sortir de l'église, et lui exprima le vœu de Blanche-Fleur.

Le prêtre était un vieillard; la demande de l'enfant le toucha; il écrivit un mot sur une feuille de papier, et il ajouta:

— Allez de ma part chez Mlle Cormon, vous en reviendrez satisfaite.

En effet, profitant d'une journée de chômage, Gervaise se rendit chez Mlle Cormon, et demeura toute interdite en pénétrant dans ses ateliers.

Ils se composaient de quatre pièces, dont les murailles disparaissaient sous des piles de drap d'or et d'ornements magnifiques. Quelques-unes des ouvrières cousaient des galons fins autour des chappes de velours, d'autres assemblaient des brocards, les dernières, armées d'une aiguille et assises devant un métier couvraient de fils lisses ou frisés des dessins indiqués par des découpures de parchemin. Gervaise admira des « Agneau pascal » couchés sur des croix étincelantes, des colombes d'argent aux ailes étendues descendant d'un triangle flamboyant. Ailleurs, des doigts agiles brodaient des pélicans, emblêmes de l'amour sans restriction, se déchirant la poitrine pour abreuver de sang leurs petits affamés. Dans la dernière salle, les gazes et les tulles s'ornaient de lames légères, formant des arabesques destinées à encadrer des figures de vierges, de saints et d'anges.

— Que c'est beau, mère, que c'est beau! murmura Blanche-Fleur, en levant ses grands yeux bleus sur Gervaise.

Celle-ci, un peu intimidée, ne trouva le courage de demander Mlle Cornon, qu'en remarquant l'étonnement des ouvrières.

La maîtresse s'avança, lut la recommandation de l'abbé Pascal, caressa la tête blonde de la petite fille, et dit à la mère en prenant une de ses mains:

— A partir de demain, il y a ici une place pour elle.

Blanche-Fleur jeta ses bras autour du cou de Mlle Cornon, et la veuve balbutia un remerciment qui s'éteignit dans les larmes.

Désormais sa fille apprendrait un état rapportant un assez fort salaire, et trouverait dans cette occupation quotidienne un nouvel aliment à sa précoce ferveur.

Durant la nuit l'enfant dormit peu, elle revoyait l'atelier rempli d'or filé, de velours pourpre, de gaze lamée; il lui semblait que les Pélicans d'argent et les Colombes agitaient leurs ailes mystiques; l'Agneau quittait le livre fermé des sceaux apocalyptiques, et s'approchant d'elle semblait inviter sa main caressante. Les images du bon Pasteur, de la Vierge immaculée, des Anges balançant des urnes d'or traversaient sa pauvre chambre. Extase ou rêve, Blanche-Fleur ne gardait plus la notion exacte des choses; mais tandis que dans les cœurs troublés s'augmente l'oppression à mesure que descendent les ténèbres, l'âme pure de la jeune fille sentait s'alléger sa pensée, et monter plus haut ses aspirations, dès que se terminait la journée.

Le lendemain l'enfant se leva dès l'aube, courut à l'église, revint préparer le repas du matin puis, accompagnée de sa mère, elle partit pour l'atelier.

La journée passa vite. Blanche-Fleur commença par apprendre le nom des différents fils d'or brillants, mats ou frisés, celui des pasquilles rondes ou ovales disposées dans des sébilles. Elle étudia les dessins remplissant les cartons de Mlle Cormon, et se tint le plus possible près de celle-ci. L'intelligence de Blanche-Fleur était assez vive pour lui permettre d'apprendre vite. D'ailleurs son zèle se doublait de piété, et cette disposition ingénue et fervente de son âme devait grandement faciliter ses progrès.

Ils furent si rapides que le vieux prêtre, dont la protection lui semblait un bienfait de la Providence, la voyant un matin cachée dans l'ombre d'une chapelle, la félicita sur sa bonne conduite en l'engageant à persévérer.

Les mois succédèrent aux mois sans amener d'autres changements dans la vie de Gervaise et de sa fille, que l'aggravation de fatigue de l'une et le courage croissant de l'autre. Un soir, Gervaise rentra prise de subites douleurs, elle se mit au lit, et le lendemain il lui fut impossible de se lever. La paralysie venait de la clouer sur sa couche, pour ne plus lui permettre jamais de reprendre sa tâche quotidienne. Le regard du médecin apprit son malheur à l'infortunée, elle essaya de rapprocher ses doigts crispés, et deux grosses larmes roulèrent sur ses joues décolorées.

Dans l'impossibilité où elle se trouvait de quitter sa mère, Blanche-Fleur demanda la permission de travailler chez elle. L'affection que lui témoignait Mlle Cormon ne lui laissait aucun doute à cet égard. En effet, la jeune fille transporta dans sa mansarde les lampas brochés, les velours soyeux, les galons d'or, les merveilleuses broderies. Assise près de la fenêtre, devant une table couverte d'étoffes magnifiques, l'humble fille travaillait aux merveilles destinées à s'étaler dans le temple du Seigneur. En face de l'ouvrière se trouvait le lit de sa mère immobile, au-dessus de la cheminée se dressait une image pieuse représentant, dans son expression admirable de simplicité touchante, la *Piéta*, connu sous le nom de la *Vierge de Marbre*. Quand elle était toute petite, et qu'elle pouvait encore se pelotonner sur les genoux de Gervaise, Blanche-Fleur trouvait une grande joie à entendre raconter les légendes de cette madone miraculeuse. Au milieu de sa vie de labeur incessant, elle se consolait en voyant la Mère au cœur percé de glaives demander au peuple chrétien si jamais douleur fut comparable à la sienne. Ses inénarrables et divines souffrances dominant le catholicisme, sont peut-être le point par lequel la foi s'enracine davantage dans les âmes. La passion du Sauveur et la « passion » de Marie, suivant l'expression de Gerson, attirent les adorations, sollicitent la confiance et enfantent la résignation. Aussi Blanche-Fleur, devant l'image de la Vierge divine soutenant le corps glacé de son Fils, ne se sentait pas même le droit de se plaindre; sa mère était valétudinaire, mais sa mère lui restait.

Quelle vie que celle de ces humbles et patientes créatures!

La malade immobile, dont l'âme se réfugiait dans le regard, contemplait tantôt sa laborieuse enfant courbée sur sa tâche, tantôt la *Piéta* douloureuse. L'une lui parlait du ciel, l'autre la rattachait à la terre, mais par ces liens qui, réunis entre les mains de Dieu, ne nous permettent pas même de nous rebeller contre son vouloir.

De temps en temps Blanche-Fleur chantait. Elle ne répétait point les airs gais et bruyants dont l'écho lui arrivait d'en bas. Si près du ciel, dont un large pan bleu apparaissait à travers sa lucarne, elle ne pouvait redire que des hymnes saintes. D'autres fois, quand un rayon brillait, la brodeuse d'or ouvrait la fenêtre toute grande pour le fêter. Alors le vieux papier jauni de la mansarde prenait des tons d'or, les fleurs riaient dans leur vases fêlés, les têtes des saints empruntaient des nimbes, et des étoffes miroitantes faisaient éclater leurs fleurs en relief sous la chaude clarté qui les baignait.

L'œil fixe de la malade plongeait dans l'azur sans borne; on eût dit qu'elle voyait Dieu à travers ce voile. La prière devenait en quelque sorte visible dans ce regard, dernier refuge de la vie. La malade demandait la force, et Dieu lui envoyait la résignation.

Cependant d'alarmants symptômes se manifestaient chez la jeune fille. Le travail l'épuisait, l'anémie la guettait, et la toux sèche dont elle réprimait les accès dans la crainte d'alarmer sa mère, faisait dire aux femmes du voisinage:

— Blanche-Fleur ne verra pas souvent s'épanouir les roses !

Mais l'enfant courageuse domptait la souffrance et savait garder son sourire.

Plus d'une fois les ouvrières de Mlle Cormon l'invitèrent à partager leurs plaisirs; mais la pieuse fille secoua la tête:

— J'ai ma mère et Dieu ! répondit-elle.

— Ta mère ! lui dit l'une un jour, qu'est-elle autre chose qu'un fardeau ?

— On voit bien que vous n'avez pas connu la vôtre, répliqua Blanche-Fleur.

A mesure que s'aggravait le mal de l'enfant, le faible souffle de vie animant encore la mère paraissait vaciller davantage. Ces deux femmes, dont les épreuves semblaient dépasser toute mesure, conservaient en elles deux inappréciables trésors: la foi et la patience; la première leur montrait le ciel, la seconde enlevait toute amertume à leurs larmes. La paralytique, qui ne pouvait plus s'entretenir que du regard avec sa fille, avait parfois des rayonnements d'admirable tendresse. Sa prunelle ardente allait du crucifix à l'enfant. Lorsque Blanche-Fleur voyait rouler une larme entre les cils baissés de sa mère, elle s'agenouillait près d'elle et priait. L'ignorante fille n'ouvrait point de livre; elle parlait à Dieu dans une langue dont la simplicité n'altérait pas le respect. Son âme débordait d'un amour si exclusif et si pur, que sans y prétendre elle arrivait à l'éloquence. Devinant que l'esprit de sa mère se repliait sur lui-même, elle lui prêtait les ailes plus fortes du sien, et l'emportait dans l'abandon d'une prière mêlée d'extase. Si ses anciennes compagnes d'atelier l'avaient vue ainsi, plus d'une aurait pensé comme ses voisines :

— Blanche-Fleur ne verra pas s'épanouir les roses !

Il est des créatures privilégiées du ciel qui ne doivent respirer que des lis des vallées et les calices sans épines des fleurs pourpres de Saarons.

— Mère ! dit un soir Blanche-Fleur, tandis qu'elle travaillait à une chasuble dont la croix portait l'effigie de l'Agneau divin, ô mère ! j'ai formé un souhait dans ma vie, et ce souhait sans doute ne sera jamais exaucé.

— Pourquoi Dieu refuserait-il de t'accorder l'objet de ta demande ? répondit à l'enfant le regard expressif de la mère.

— C'est que mon ambition est grande, mère.

— Ambitieuse, toi ! répliquèrent encore les yeux de Gervaise.

Blanche-Fleur reprit :

— J'entends parler souvent des prodiges accomplis par Notre-Dame-des-Ermites, Notre-Dame-de-

Liesse, la Madone de Lorette et la Vierge de Marbre, eh bien! une sorte d'envie pleine de regret m'étreint le cœur en songeant à la joie de ceux qui vont s'agenouiller dans ces sanctuaires. Je le sais, la Vierge Sainte me voit dans cette pauvre mansarde, mais je songe aussi qu'il est des retraites privilégiées, des grottes miraculeuses, des images révélées par un prodige; qui prie devant ces madones, qui se recueille dans ces chapelles, rapporte en soi un ineffable trésor de grâces. Il m'arrive souvent de m'attrister à la pensée que jamais une bénédiction de ce genre ne tombera sur ma vie.

Les yeux de la paralytique se dirigèrent vers le crucifix.

— Oui, reprit l'enfant, le sacrifice de cette consolation me serait méritoire, mais je me sens de jour en jour moins forte pour l'accepter, ou plutôt l'ardeur de mon désir grandit chaque jour davantage. Et je ne pense pas seulement à moi, je voudrais te faire participer à cette joie, à cette grâce, et il me semble que le moyen d'y parvenir me sera fourni quelque jour. Hier, tandis que Mlle Cormon nous distribuait les paillettes d'or et d'argent et les fils brillants, mats ou frisés, je me disais: « Avec les pasquilles perdues, les bouts de fil d'or mal économisés, les rognures de toile d'argent et de galon fin, une ouvrière habile et travailleuse amasserait de quoi broder un manteau à l'une de ces Vierges miraculeuses dont je voudrais visiter le sanctuaire. Mlle Cormon fait la part des pertes involontaires; je ne lui déroberai rien en gardant ce qu'elle sacrifie, et d'ailleurs je l'en avertirai. Mes compagnes fabriquent à l'aide des découpures de velours, de brocard et de drap d'or, des pelotes de toutes les formes; elles habillent des rois maures pour les crèches, et retirent de la vente de ces objets un assez beau bénéfice; j'appliquerai ce qui pourrait m'en produire un égal à broder le manteau de la Vierge douleureuse.

Des pauvres yeux de la mère roulèrent deux grosses larmes; ces larmes étaient une bénédiction pour Blanche-Fleur.

Le lendemain, l'honnête fille en recevant les étoffes et le fil, confia en rougissant son projet à sa maîtresse:

— Faites, mon enfant, lui dit celle-ci, et comme il me plaît de contribuer à votre œuvre, je vous donne cette bobine de fil d'argent, et cette coupe de velours bleu pour le manteau. Que le travail fait pour Marie reçoive un jour sa récompense!

II

Comme elle rayonnait, la douce Blanche-Fleur, quand elle repassa le seuil de son logis, les bras alourdis par le poids des étoffes. Elle raconta à Gervaise de quelle façon Mlle Cormon avait reçu sa confidence, elle étala sur le lit de la paralytique le velours bleu devant servir au manteau de la Vierge, puis déposant ce qui lui appartenait sur un meuble, elle se mit joyeusement à sa tâche, en murmurant *l'Ave maris stella!*

Pendant douze heures elle passa et repassa son aiguille, couvrant de fils d'or les fleurs en relief : pendant douze heures elle gagna son pain et celui de sa mère. Cette obligation remplie, elle prit un autre métier et commença le manteau de la *Vierge de Marbre.* Elle y travailla pendant une partie de la nuit, puis brisée de fatigue elle s'étendit sur sa couche. A partir de ce jour elle scinda en deux sa laborieuse existence. Durant ses heures de veille consacrées à l'œuvre de sa piété elle paraissait moins souffrir de la fatigue, et la malade suivait d'un regard attendri les progrès de la broderie d'or sur le manteau bleu céleste.

Le dessin était de l'enfant elle-même; sans autre guide que son goût, sans autre maître que l'inspiration d'une piété ardente, elle créa une ornementation d'une grâce infinie. Des grandes branches de lis d'argent se tordaient mêlées à des palmes d'or autour du manteau qu'ornait une pluie de roses naissantes. Douze étoiles formaient une sorte de fermail, et au-dessous, deux passeraux, les ailes éployées, semblaient peindre les élancements d'une âme prenant son vol vers le ciel.

Cette œuvre devint l'intérêt unique de la vie des deux femmes.

Cependant les joues de Blanche-Fleur se décoloraient encore, ses grands yeux cernés semblaient éclairés d'une flamme dévorante; sa toux augmentait, et sa poitrine se brisait sous l'étreinte de la souffrance. Quand elle descendait les cinq étages de sa maison, elle s'appuyait contre la muraille pour ne point tomber, et s'assit plus d'une fois sur les marches de l'escalier, hors d'état de soutenir le poids du paquet renfermant le travail confié par Mlle Cormon. Celle-ci, constatant sa faiblesse croissante, donna ordre à une ouvrière plus active de faire les courses de Blanche-Fleur, et l'orpheline ne quitta plus guère la chambre où se trouvaient désormais deux malades.

A mesure que le mal dont elle souffrait faisait des progrès, Blanche-Fleur se privait davantage, économisant le pain et le lait de ses repas pour acheter du brocard et des fils d'or et d'argent. Elle avait renoncé à l'espoir de broder lentement le manteau de Marie; elle ne lui sacrifiait plus seulement son sommeil, elle jeûnait pour ajouter une rose à une palme, et un lys à un rameau de feuillage. Mais que faisaient les privations qui la rendaient si pâle, l'œuvre avançait, et Blanche-Fleur se trouvait heureuse. Elle sentait bien que sa force s'en allait; elle voyait aussi s'affaiblir sa mère, et plus d'une fois elle songea que l'ange de la mort les emporterait ensemble dans les pans de sa longue robe noire.

Cependant ce n'était plus une souffrance latente, mais supportable, qui la pliait en deux sur son métier; la douleur prenait une intensité terrible, elle finit par dompter l'enfant courageuse, qui ne put un matin reprendre son aiguille et broder l'étole attendue par Mlle Cormon.

Il restait un peu de pain dans la mansarde; les deux femmes s'en contentèrent. Vers le soir, Blanche-Fleur alluma la lanmpe et tenta de faire pour le manteau de la *Vierge de Marbre* ce qu'elle n'avait pu réaliser pour la tâche donnée par sa maîtresse. Essai infructueux, tentative désespérée : la pauvre fille, à peine assise devant son métier, se sentit prise d'une lassitude ressemblant à un évanouissement et resta les deux bras allongés, inerte, pâle, demi-morte.

La paralytique sortit au même moment de son sommeil, et ses regards aperçurent Blanche-Fleur immobile. Mais avant qu'il lui fut possible de s'abandonner à l'angoisse que pouvait faire naître un semblable spectacle, une figure d'une douceur et d'une beauté incomparables se trouva assise devant le métier de la brodeuse.

La pâleur de cette figure était en quelque sorte lumineuse, son regard brillait d'un éclat divin ; la grandeur et la simplicité respiraient à la fois sur ce visage, dont le front se cachait à demi sous un voile.

Des mains amaigris de Blanche-Fleur l'aiguille passa dans les doigts de l'apparition dont Gervaise suivait les gestes lents et doux avec plus d'admiration que de surprise. Bientôt, sous les mains agiles de la blanche figure, les fleurs semblèrent se multiplier à miracle. Elle travaillait sans se courber, avec une grâce de mouvements que la malade n'avait jamais vue à personne. Elle la suivait d'un regard rempli de joie et d'admiration, se demandant quelle était cette aide que sa fille avait appelée, et qui venait de pénétrer dans la mansarde comme ferait un rayon de lumière. Elle se proposait de ne point fermer les yeux de la nuit, afin de contempler à loisir le divin visage de la brodeuse, mais une torpeur invincible s'empara d'elle aux premières lueurs de l'aube, et quand Gervaise rouvrit les yeux. Blanche-Fleur était seule, penchée sur le métier.

Elle s'éveilla, la pauvre fille, au son d'une cloche tintant la messe matinale; l'expression d'un regret profond se refléta sur son visage, elle s'agenouilla près du lit de sa mère, pria, puis elle s'approcha de son métier avec tristesse:

— Serai-je donc aussi faible qu'hier, et ne pourrai-je travailler à votre manteau, ô sainte Madone... N'acheverai-je jamais...

Elle s'arrêta surprise en voyant brodée d'une façon merveilleuse une branche de lis à peine commencée la veille. Cependant sa tête était si faible, sa lassitude si grande, qu'elle ne se rendit pas un compte vrai de la vérité. Avait-elle travaillé avant de s'évanouir? cela était probable. Dans tous les cas elle reprit son aiguille, gagna le pain de la journée, puis reprit le manteau dont elle souhaitait faire hommage à la *Vierge de Marbre.*

Encore une fois elle alluma sa lampe et se courba sur le métier; dès minuit elle perdit le sentiment de la vie, mais à l'instant même la suave figure entrevue la veille s'assit à ses côtés et continua la broderie interrompue.

— Mère! mère! demanda Blanche-Fleur en s'éveillant, suis-je douée d'une double vie? Ai-je la faculté de travailler durant mon sommeil? Ce que j'ai laissé inachevé est fini ce matin, et avec quelle perfection! Est-ce un prodige, ô mère! Que ne pouvez-vous parler, et m'apprendre ce qui se passe ici depuis deux jours...

La malade leva son regard vers le ciel, mais elle ne put révéler le prodige dont Blanche-Fleur avait le pressentiment.

Le mal grandissant, la jeune fille se vit obligée de diminuer le nombre de ses heures de travail; elle ne gagnait que le morceau de pain suffisant à sa vie et à celle de sa mère; sa taille frêle s'inclinait davantage; la transparence de son teint augmentait et ses yeux semblaient encore s'agrandir dans son pâle visage. Les voisins se demandaient par quel miracle elle se soutenait, et la regardaient se rendre à l'église ou reporter son travail avec une sorte de pitié superstitieuse.

Un jour, le vieux prêtre monta dans la mansarde de la paralytique. Quel contraste entre les êtres qui l'habitaient et les objets dont ils étaient entourés. La pauvreté des meubles disparaissait sous les étoffes de soie; le métier, recouvert de pièces de velours, jetait la note joyeuse de ses broderies en relief, tandis que le manteau bleu destiné à la *Vierge de Marbre* brillait dans un angle comme un pan du ciel.

L'âme de Gervaise ne tenait plus à la terre que par l'amour maternel, mais elle savait si bien que la jeune poitrinaire ne pourrait lui survivre que la résignation lui devenait facile. Elle aurait voulu seulement que la mort les atteignit à la même heure, afin d'éviter à Blanche-Fleur le déchirement du suprême adieu, les affres de la séparation, les angoisses horribles de la sépulture. Elle eût souhaité que Blanche-Fleur la prit dans ses bras, posât son front sur son épaule et s'éteignit comme expirent les flammes courant sur les sépultures pendant les chaudes nuits de l'été.

Le prêtre comprit ce dernier regret de la mourante, il lui parla longuement du ciel dont les joies l'attendaient en récompense de son martyre; puis, étendant sur son front glacé sa main accoutumée à bénir, il donna la pureté suprême à son âme. Prosternée à côté du lit, Blanche-fleur, les yeux attachés sur sa mère, la suppliait de l'emmener avec elle, mais l'heure de l'enfant n'était pas encore venue, et ce fut à l'instant où minuit sonnait au clocher de la prochaine église, que Blanche-Fleur comprit qu'elle allait devenir orpheline pour la seconde fois.

Au moment où l'âme de Gervaise allait rejoindre le Dieu qui l'avait créée, une force inattendue revint à ses membres immobiles depuis tant d'années, sa langue se délia, ses bras s'étendirent, se resserrèrent sur Blanche-Fleur, et ce fut en regardant une majestueuse figure debout dans l'ombre qu'elle paraissait éclairer, que Gervaise expira en murmurant.

— Marie!

Oh! la chose douloureuse que de soulever le corps d'un être cher, de l'envelopper d'un suaire, de veiller près de la couche que jamais plus il ne quittera! Combien les larmes se mêlent aux prières; quel déchirement se fait dans l'âme, et comme il faut qu'elle s'inspire de la pensée de Dieu pour ne point se sentir submergée dans un abîme de douleur.

Tandis que Blanche-Fleur rendait à Gervaise ces suprêmes devoirs qui sont encore une consolation, la divine ouvrière, penchée sur le métier de la jeune fille, poursuivait la tâche que les épreuves du jour ne lui avaient point permis d'achever. Elle disparut à l'aube, et avec elle fondirent dans une nuée grise des groupes de têtes angéliques autour desquelles des ailes d'or palpitaient avec une insaisissable harmonie.

Le convoi de la paralytique fut suivi par tous les gens du quartier. On fit à cette humble créature un cortége digne de ses vertus, et lorsque Blanche-Fleur revint du cimetière, vingt mères offraient de la confondre avec leur propre famille.

Mais tous les souvenirs de l'enfant se résumaient dans la mansarde où elle avait vécu. Elle refusa en pressant avec reconnaissance les mains amies qui se tendaient vers elle, puis elle regagna sa chambre et reprit la broderie d'un pale en soie rouge, qu'elle devait rendre le soir même.

Ce travail achevé, après un *Salve Regina* qui fleurit sur ses lèvres comme un lis s'élève au-dessus d'une eau pure, Blanche-Fleur reprit le manteau de la *Vierge de Marbre* et acheva un bouquet de roses. Elle ne vit point fraternellement assise à ses côtés la figure mystérieuse que ses regards devaient seulement contempler dans le ciel, et dont la main, plus habile et plus rapide que la sienne, paraissait voler sur l'étoffe d'azur.

Dans les temps de sa vie mortelle, la Vierge Marie gagnait, en Egypte, le pain de Jésus enfant en filant des robes de laine qu'elle échangait contre du blé.

Avant ces jours d'épreuves, et tandis qu'elle grandissait au milieu des vierges du temple, la fille d'Anne et de Joachim était renommée pour la beauté de ses broderies. Elle travaillait alors aux robes des lévites et des prêtres, aux ornements des autels, aux rideaux merveilleux flottant devant les portes de la maison du Seigneur.

Tandis que Blanche-Fleur, sa fidèle servante, dépensait ses forces expirantes pour achever la broderie du manteau qu'elle destinait à la *Vierge de Marbre*, la Reine du ciel l'aidait dans sa tâche et faisait naître des fleurs d'or sous ses doigts.

Pendant que Marie restait invisible dans la mansarde de l'orpheline, celle-ci se sentait remplie d'une indicible joie; des pensées d'amour plus ardentes s'élevaient dans son âme; elle priait sans parler, par l'élan de son cœur et l'adoration de son esprit. Elle se sentait comme inondée d'amour et de consolation. Alors elle comprenait les joies du ciel et demandait à mourir.

Un matin, inquiète de ne la point voir, une voisine compatissante entra chez elle, la soigna, et après un sommeil provoqué par l'ordonnance d'un médecin, elle lui aida à se lever.

Blanche-Fleur voulut border d'un galon une étole presque achevée, puis elle écrivit un mot à Mlle Cormon en renvoyant le travail de la semaine.

« L'aiguille me tombe des mains, je sens que je m'en vais rejoindre ma mère, priez pour moi ; ma dernière heure appartient à Dieu et à l'achèvement d'une tâche que je puis seule finir. »

Cette tâche, c'était le manteau de la Vierge.

Dieu sait avec quelle peine il fut terminé. L'orpheline brodait une feuille, puis tombait dans une faiblesse si grande qu'elle demeurait sans mouvement ; elle reprenait l'aiguille, brodait encore, et de nouveau perdait le sentiment de la vie... Enfin elle acheva la dernière étoile mettant comme un collier à l'échancrure du manteau. Quand elle eut coupé le fil d'or, quand le merveilleux travail fut étalé sur son lit, Blanche-Fleur sourit, croisa les mains sur sa poitrine, et murmura :

— Je puis partir, maintenant.

Le soir même, le vieux prêtre se chargea d'expédier le manteau au sanctuaire miraculeux, en suppliant le chapelain chargé spécialement du soin de l'autel, de parer la madone de cette œuvre touchante, le 8 septembre suivant. Le matin de ce jour, Blanche-Fleur retrouva le courage de sortir. Ne pouvant se rendre à la grotte de la *Vierge de Marbre*, elle se représentait le groupe merveilleux, elle voyait la statue enveloppée dans le manteau d'azur brodé de lis d'argent et de palmes d'or, et son cœur palpitait de joie à cette pensée :

— Heureux les anges ! pensait-elle, ils contemplent Marie.

Au retour de l'église, Blanche-Fleur se jeta sur son lit, et appelant une voisine, lui dit avec douceur :

— Ne me quittez plus, Josine, c'est la fin.

— Non, cela ne se peut pas, chère petite, vous êtes faible et pâle, mais vous n'allez pas mourir...

— Ma mère m'appelle et la Vierge m'attend.

Blanche-Fleur mit des habits blancs, se faisant belle pour la mort comme une autre l'eût fait pour des fiançailles ; elle passa son rosaire autour de son bras, et commença silencieusement à prier. Le même prêtre qui avait consolé sa mère lui apporta le viatique, et à partir de ce moment, Blanche-Fleur ne s'entretint plus qu'avec le ciel.

La nuit descendit ; à la lueur d'une veilleuse, Josine veillait, un livre à la main ; en dépit de sa volonté, ses paupières s'alourdirent et elle tomba dans un lourd sommeil.

Une clarté inattendue frappant ses paupières la réveilla subitement.

Alors elle fut témoin d'un spectacle tel, que le souvenir en domina toute sa vie :

Sans que la porte fut ouverte par une main humaine, une femme d'une taille majestueuse parut dans la mansarde, un groupe d'anges et de jeunes filles couronnées de nimbes et palmes entrèrent.

L'apparition avait sur ses épaules un manteau de velours bleu brodé de branches de palmier et de lis d'argent. Elle s'approcha du lit de Blanche-Fleur, ôta son manteau d'azur, en enveloppa la jeune morte, puis faisant signe aux anges qui planaient au-dessus du lit, ceux-ci soulevèrent la trépassée dans leurs bras, et ce fut vêtue du manteau brodé pour la *Vierge de Marbre*, que l'enfant rejoignit au ciel la mère qui l'attendait.

Alors la voix de Marie dit à la nouvelle sainte :

— Ce ne sont pas seulement tes doigts diligents qui ont brodé ce manteau, destiné à m'honorer, ce sont tes douces vertus, ton humilité, ta patience, la chasteté de ta vie : en échange de ta pureté et de ta douceur, pour prix de ton respect et de ta ferveur, te voilà parée de la robe des vierges, et réunie à jamais à celles qui m'honorèrent sur la terre...

La Vierge se tut et l'hosanna retentit dans les profondeurs du ciel.

LE PAIN DU PAUVRE

I

La nuit est sombre; une nuit d'hiver, sans lune et sans étoile... Le vent gémit dans les arbres dépouillés; la brise pleure autour des colonnes du porche de la chapelle...

A l'angle du chemin, dans une grotte de cristaux natifs est un groupe de marbre dont l'inspiration religieuse fut un chef-d'œuvre. L'artiste qui l'a sculpté arriva dans le pays et s'y fixa sans que nul connut son nom et sa patrie. Le tailleur d'images ne reçut de commande de personne et travailla sans relâche à sa statue depuis l'heure où il la conçut jusqu'au jour où il l'acheva. Etait-ce le vœu d'une âme pieuse ou le tribut du repentir? Un matin, on trouva l'artiste mort devant le groupe de la Mère des douleurs; on l'enterra aux pieds de la statue. Le mystère dont s'entourait la destinée de cet homme, la perfection de son œuvre, jeta prématurément sur sa *Piéta* un charme légendaire, et la grotte prit le nom de *Caverne de l'Ensevelissement*. Une grande faveur se manifesta bientôt pour cette crypte naturelle; on en fit le but de fréquents pèlerinages. Des enfants sauvés, des femmes consolées, des malades guéris proclamèrent le pouvoir de la *Vierge de Marbre*. Les années s'écoulèrent, un siècle se passa, puis un demi-siècle. La madone vit grandir son culte et doubler le nombre de ses fidèles. La nature, à son tour, concourut à donner à la chapelle une agreste magnificence. Des infiltrations d'eau permirent à des mousses veloutées de s'étendre comme un tapis sur le piédestal de pierre; des vignes folles dessinèrent des arceaux, des fleurs formèrent des tapis embaumés. On construisit un porche en avant de la grotte pour abriter les pèlerins; on dressa sur deux traverses de bois une planchette couverte de bobèches de fer destinées à recevoir les torches de cire; jour et nuit l'une d'elles brûlait devant la madone.

II

Minuit sonne à l'église du village... Des glapissements et des houhoulements sinistres se joignent au son de la cloche d'airain... Aussitôt, étrange prodige! la Vierge lève son voile de marbre, pose sur le front du Sauveur un baiser plein de tendresse et d'adoration, et couche doucement sur le bloc de granit le corps transpercé par les clous et la lance... Marie descend de son piédestal, prend un chandelier rustique, la seule lumière brûlant encore, et quitte la grotte en cristal. Ses vêtements ondoient au vent de la nuit; malgré l'orage, la torche de cire brûle paisiblement... La Vierge s'arrête à l'extrémité du village, devant une demeure composée de pieux mal équarris, de poutrelles chancelantes, de boue plaquée contre des ais; elle pose la main sur le loquet de bois, la porte s'ouvre et se ferme sans bruit...

III

Une jeune femme est étendue sur un grabat. On l'appelle dans le pays *Marthe-la-Désolée*. Ce nom seul paraît convenir à la pauvre endormie quand on considère son front pâle, le pli douloureux de sa lèvre, la trace mal essuyée de ses larmes...

Marthe a jadis connu des jours heureux; son enfance se passa dans une chaumière, cachée sous les arbres comme un nid d'oiseau; les lierres grimpaient autour de la fenêtre, la clématite encadrait la bordure du toit, les jasmins neigeaient contre le mur. Tout en filant, Marthe chantait un saint cantique ou quelque lied naïf. Elle vivait près de son aïeule, simple et bonne créature, dont la vie s'était partagée entre le travail et la prière. Quand l'âge courba Lisbeth, qu'elle se traîna difficilement sur le chemin de l'église, et distingua vaguement les lettres de son psautier, le chagrin s'empara de son âme. L'extrême vieillesse était venue, la mort ne pouvait être loin.

Lisbeth se demanda ce que deviendrait Marthe. Elle confia son angoisse à un jeune couvreur dont la mère avait été son amie. Hans possédait une âme droite, un vaillant cœur, il s'émut des paroles de la vieille femme.

— Marthe sera-t-elle exigeante, en fait de bonheur? demanda-t-il.

— La pauvre âme se contente de ce que j'ai, et vous savez, Hans, quelle pauvreté est la nôtre.

— Lisbeth, poursuivit le couvreur, je suis un garçon de vingt ans, laborieux et de bonne volonté, qui serait heureux d'avoir Marthe pour femme...

— Jamais je ne me suis doutée qu'elle fût aimée.

— Les anges seuls le savaient hier.

— Le nom de ce jeune homme?

— Il s'appelle Hans... ma mère...

— Prends Marthe pour compagne, je m'éteindrai sans regret.

Quand, le soir même, Lisbeth interrogea Marthe sur ses projets d'avenir, la jeune fille secoua la tête. Cependant, ou le reflet ardent du soleil passait sur sa joue, ou la jeune fille rougissait. Lisbeth raconta son entretien avec Hans et demanda la réponse de Marthe.

— Hans connaît la misère, répondit la jeune fille, il sera doux et patient, je l'accepte pour mari.

On célébra, six semaines plus tard, les noces de Hans et de Marthe. En sortant de l'église, le jeune couple se rendit à la *Caverne de l'Ensevelissement*, afin d'offrir à la Vierge la couronne d'épousée. Marthe prit ensuite le chemin de sa nouvelle demeure. Hans l'avait bâtie de ses mains. Comme il ne possédait pas un pouce de terre, un brave homme lui abandonna un champ pierreux pour y élever une cabane. Hans chercha des galets dans les torrents, pétrit de la glaise, tailla et scia du bois. La maisonnette finie, il fabriqua les meubles nécessaires et remplit son logis de fleurs pour recevoir Marthe le jour de son mariage. Marthe franchit gravement le seuil du logis, s'assit devant son rouet et travailla jusqu'à l'heure du repas. Elle voulait que ce premier jour devînt le modèle de tous les autres.

Lisbeth mourut après avoir mis un baiser sur le front du premier enfant de la femme de Hans.

Celui-ci était un bon ouvrier, ne refusant jamais la besogne. Après avoir, pendant le jour, réparé des toitures, le soir il maniait la scie et le rabot, afin de confectionner des meubles pour sa femme, ou pour les gens du pays.

Nous avons dit que la maison s'élevait dans un

angle du champ pierreux, impropre à la culture. Le brave homme qui en fit don à Hans ne songea pas qu'il devait par écrit constater cette donation. Tout le pays savait que Hans en etait le propriétaire de par la générosité du vieillard. Du reste, que valait ce lopin de terre où ne germaient que des cailloux? que semer sur le roc? Hans songea pourtant à fertiliser ce sol ingrat. Il façonna une brouette, et chaque soir alla creuser à un ruisseau mal endigué un lit plus large et plus régulier. La terre rejetée de chaque côte était ensuite amenée dans le champ afin d'y amonceler une quantité de terre végétale suffisante à la culture. Pendant un mois il continua son œuvre. Un jour vint où les femmes purent laver leur linge dans une eau limpide, où le ruisseau devint d'une grande utilité dans le village; en même temps, devant la maison du couvreur, s'étendit un champ préparé pour les semailles. Chaque paysan apporta son présent au jeune ménage: qui, une poignée de grains; qui, des pommes de terre. Des femmes élevèrent des couvées, un agneau fut donné au petit enfant; une grosse oie, à l'air bête, aux lourdes ailes, voleta devant la maison. Au printemps suivant, les ronces dressées en espaliers et mêlées aux troënes, formèrent une haie autour de l'enclos. Le blé poussa, puis les graines variées, semées par Hans selon qu'on les lui donnait. Il récolta suffisamment de grain pour ensemencer le champ l'année suivante; on entassa une provision de pommes de terre pour l'hiver; on bottela le foin pour l'agneau. Hans et Marthe se trouvèrent les plus heureuses gens du village. Aussi, quand un second enfant leur fut donné, sa venue devint-elle le sujet d'une grande joie. On avait du froment pour ses repas, de la plume pour son lit, du lin pour ses vêtements.

Chaque matin, après le départ de son mari, Marthe s'asseyait devant la porte, sa petite famille à ses pieds, et travaillait en chantant.

Le dimanche, elle ne manquait jamais de se rendre à la grotte. Une idée pieuse et charmante lui était venue. En voyant que la Providence l'aidait, Marthe voulut à son tour soulager les autres. Chaque semaine elle pétrissait un gâteau, et le portait devant la Vierge de marbre; c'était la part du mendiant.

Sa famille s'augmenta; on compta six enfants dans la maison, six enfants dont le dernier marchait à peine, dont l'aîné ne pouvait faire plus grosse besogne que de conduire les oies sur un terrain vague où les pauvres gens du pays menaient paître leurs moutons et leurs chèvres.

Dans ce ménage modeste, ni querelles ni jalousies; on priait, on s'aimait, on travaillait. Cette vie était trop douce, sans doute, et Marthe n'aurait point gagné sa couronne, si un changement désastreux n'était survenu.

Le vieillard, qui avait abandonné à Hans le champ sur lequel sa maison fut bâtie, mourut subitement. On écrivit au seul parent qui lui restait, et, quelques jours après, un garçon de mauvaise mine, mal couvert de haillons honteux se présenta chez le bourgmestre du village, et lui remit des papiers constatant qu'il était le neveu de Fritz Steinler.

— Comptez-vous habiter ce village? demanda le bourgmestre.

— Peut-être.

— Je dois vous prévenir que le pays est tranquille; que les cabarets y sont rares; on y vit ici en famille; vous ferez bien de ne point donner d'exemples fâcheux... Vous vous nommez?...

— Bernhart.

— Voici les titres de propriété du vieux Fritz; vous pouvez tout de suite entrer en possession de l'héritage.

Bernhart sortit, le sourire aux lèvres; puis avisant un jeune garçon, il le pria de le conduire à la maison du défunt.

Pendant le trajet, Bernhart s'enquit du nom et des habitudes des gens du pays, de la valeur de la terre et du revenu des propriétés de Fritz.

Quand il fut arrivé devant la porte, l'enfant étendit le bras et dit : — C'est là ! — Puis, refusant tout salaire pour sa peine, il reprit, en courant le chemin de sa demeure. Bernhart pénétra dans la maison de Fritz, ouvrit les fenêtres, closes depuis la mort du vieillard, et un sentiment de vague reconnaissance remplit son cœur pour l'homme qui lui léguait une fortune, à lui, misérable vagabond. Cette première impression dura peu.

Bernhart alla prendre quelques bouteilles dans le cellier, s'étendit dans un fauteuil, et laissa errer ses regards sur le paysage.

Par un singulier hasard, la maison de Hans fut la première qui frappa sa vue.

Il la voyait accorte et gaie, rayonnante sous le soleil. Dans le jardin, jouaient les enfants, au milieu de leur groupe, bondissaient des agneaux et s'ébattaient des pigeons. Marthe filait. Jamais tableau plus reposant n'avait frappé Bernhart. Il se dit qu'il existait au monde un homme heureux, que cet homme était le mari de Marthe, le père de cette blonde famille. Puis, reportant sa pensée sur lui-même, il se vit seul, tout seul... Il se leva, s'appuya sur le rebord de la croisée et s'absorba dans des réflexions amères. Enfin, retournant à la table il vida une nouvelle bouteille et sortit. Le bourgmestre ne l'avait point trompé en affirmant que les auberges réalisaient de minces bénéfices dans le village. Dans celle où pénétra Bernhart, un honnête voiturier mangeait sobrement, et buvait de même. La cabaretière le servait avec douceur, sans empressement mercantile. La figure sournoise de Bernhart, ses vêtements sordides produisirent sur l'aubergiste une mauvaise impression.

— Ça ! fit Bernhart, de la viande, du vin, j'ai un appétit du diable !

— Je le regrette, répondit la cabaretière, mes provisions sont restreintes : du jambon, du fromage et de la bière.

— Servez ! dit Bernhart, et sans défiance : je suis l'héritier de Fritz... quand les champs seront vendus, il fera beau voir sauter les écus du bonhomme... Vous en aurez une large part si le jambon est bien fumé, et si la bière a goût de houblon.

— Je crois connaître mal les secrets de mon métier, dit la femme en servant car il me déplairait fort, dussé-je en tirer profit, de voir les champs d'un brave voisin comme Fritz s'en aller en dépenses d'hôtellerie... l'unique auberge du village est la mienne, je n'abuse point de ma situation, et je me contente d'un léger bénéfice.

— Après m'avoir vendu votre jambon, reprit

Fritz, faites-moi cadeau d'un bon conseil... Qui peut dans le pays, m'acheter les vignes, les prés de Fritz?

— La vigne tient au clos des Mentz... le pré limite le champ de Rupert... Le bourgmestre s'arrangerait, sans nul doute, des autres pièces de terre.

— Merci, dit Fritz, en se levant, marquez ma dépense sur l'ardoise, vous serez soldée à la première vente.

En rentrant chez lui, Bernhart tourna machinalement les yeux vers la maison de Hans. La lampe brillait comme une étoile. Le vagabond se représenta le tableau formé par le couvreur, sa feemm et les six petits enfants. Une sorte de rage s'empara de lui. Il tira son briquet, le choqua contre un silex, alluma sa pipe, et murmura de sourdes paroles entre ses dents.

Le lendemain, Bernhart résolut de s'occuper activement de la vente de son héritage. Son titre de neveu de Fritz lui eût mérité bon acceuil, s'il avait paru tenir à perpétuer la bonne renommée de son oncle; mais on le jugea paresseux et méchant, on devina son passé sur sa figure ravagée, son front prématurément chauve, dans la sinistre expression de ses regards. Du jour où il fut jugé, on le condamna à l'isolement. Les pères eussent redouté pour leurs fils l'exemple de sa fainéantise; les femmes auraient craint ses mauvais conseils. Bernhart crut qu'il raccolerait au moins quelques garçons avides de liberté et prêts à s'abandonner à de grossiers plaisirs; mais, au bout de huit jours, il acquit la conviction que les jeunes gens se reposaient en famille, et que, sauf un braconnier nommé Tarfel, chacun se conduisait en honnête homme.

Bernhart chercha Tarfel et le trouva. Tous deux s'entendirent, Bernhart ne pouvait sans nuire à ses intérêts proposer à Mentz, ou au bourgmestre de se rendre acquéreurs de ses terres; Tartef négocia ces ventes, et une fois les thalers enfermés dans un coffre, la vie devint joyeuse pour le vagabond et le braconnier. Plus d'une fois même, pendant la nuit, on frappa bruyamment à la porte de Bernhart; des amis de Tarfel poursuivis par les gardes, demandaient l'hospitalité. Le neveu de Fritz redoutait si fort la solitude qu'il faisait accueil à tous. On buvait, on fumait, on riait des vieilles coutumes, des saintes croyances, de la Vierge et de Dieu! A entendre les bruits, les chants grossiers, les chocs des verres, les éclats de rire sortant de la maison de Bernhart, on aurait pu la prendre pour une demeure hantée par les démons. Le curé du village, désolé de cet exemple donné aux jeunes gens, alla un jour chez le mécréant et lui parla le langage du devoir et du repentir ; Bernhart se mit à rire, et ce saint prêtre le quitta le cœur gonflé de douleur.

Plus d'une fois, le neveu de Fritz aperçut Marthe près de la haie de mûriers et de troënes. L'expression d'honnêteté répandue sur le front de la jeune femme, la beauté des enfants, causaient au vagabond une émotion dont il ne pouvait se défendre, il eût souhaité causer avec Marthe, embrasser un de ses enfants, le plus petit, le dernier venu du ciel...

Un jour, Bernhart cueillit dans son jardin de magnifiques pommes rouges, en remplit ses poches et se dirigea vers la clôture d'arbustes.

On ne pouvait la franchir, mais on voyait aisément par dessus.

Bernhart s'approcha. Le plus jeune des enfants venait d'achever une guirlande de fleurs et l'attachait au cou de l'agneau qui tentait vainement de mordiller les roses et les marguerites de son collier. L'enfant et l'agneau rivalisaient de grâce Non loin de là, l'aîné écorçait de l'osier. Il mettait en faisceau les branches dépouillées et jetait à sa sœur les rubans de pelure satinée. Deux autres marmots fouillaient la terre, sous prétexte de planter un jardin. Le dernier pelotonnait le fil enroulé sur le devidoir.

— Hé ! les petits! cria Bernhart, si vous aimez les pommes, tendez les mains et les tabliers...

Les enfants, entendant une grosse voix, levèrent la tête avec un mouvement de frayeur ; la physionomie de Bernhart ne les rassura point, car les petits coururent se cacher derrière l'aîné.

Le vagabond fit rouler dans le clos une des pommes vermeilles ; les blondins regardaient tour à tour l'homme à la mine farouche et les fruits rouges. Le plus jeune se servit de sa branche d'osier pour attirer une pomme ; les autres indécis encore se levèrent, mais ne bougèrent pas. Enfin, le plus brave ramassa une pomme et y enfonça les dents ; les cinq autres s'enhardirent.

— Aurez-vous encore peur de moi? demanda Bernhart.

— Non, répondit le plus petit.

— Alors viens m'embrasser.

— As-tu des pommes dans ta poche.

— Trois, et dans mon jardin est un pommier qui plie sous le poids des fruits.

— Eh bien ! pour t'embrasser je veux les trois pommes et celles de l'arbre pour mes frères.

L'enfant éleva les mains, les fruits y tombèrent. Alors fidèle à sa parole, il se dressa sur ses pieds pour que Bernhart pût l'embrasser.

En ce moment, un cri se fit entendre, il était

poussé par Marthe, alarmée de voir son enfant dans les bras du vagabond.

— Je ne lui faisais point de mal, dit Bernhart atteint au cœur par cette méfiance.

La bonté de Marthe lui fit regretter ce mouvement involontaire, cet homme avait raison, il venait aux enfants avec des intentions affectueuses, et le petit comprit si bien qu'il dit en se tournant vers sa mère :

— Je voulais bien me laisser embrasser pour avoir la récolte du pommier,

Les yeux de Marthe tombèrent sur les fruits, elle les prit, et les présenta à Bernhart :

— Je ne suis point assez riche pour vous les payer, dit-elle.

— J'aurais voulu devenir l'ami de vos enfants, dit Bernhart d'une voix visiblement émue, ce sont de beaux petits anges.

— Il faudrait d'abord que Hans vous donnât l'entrée de sa maison, dit Marthe, et c'est à lui qu'il faut vous adresser pour l'obtenir..

— Le nom de mon oncle me protégera, je l'espère dit Bernhart.

— Dieu sait si nous l'aimions ! répondit Marthe.

En ce moment, Hans parut du côté de la maison.

Il parut presque mécontent en reconnaissant le neveu de Fritz, mais celui-ci s'approcha avec une sorte d'humilité qui toucha le couvreur.

— Avant de vous parler d'affaires de métier, dit Bernhart, je faisais connaissance avec votre famille, et je songeais en vous voyant si heureux dans cette chaumière, que l'argent de mon oncle ne me donne pas moitié tant de joie... Voilà de quoi il s'agit : le vent, la pluie et la neige en faisant rage sur mon toit, l'ont à moitié enlevé, je vous demande de le réparer au plus vite.

— Volontiers, répondit Hans, j'irai demain chez vous.

Quand le travail fut achevé, Bernhart offrit au couvreur une rémunération génereuse que celui-ci réduisit de moitié. Durant la semaine employée aux travaux nécessaires pour mettre la maison de Bernhart en état, Hans se trouva presque continuellement en rapport avec le neveu de Fritz. On eût dit que ce malheureux goûtait un repos absolu et inappréciable dans la compagnie de cet honnête homme. Il le lui fit comprendre plus qu'il n'osât l'avouer, et Hans comprenant qu'il s'agissait du sauvetage d'une âme en péril tendit la main au vagabond.

— Écoutez, lui dit-il, comme homme, j'ai le droit d'aider mon semblable ; comme chrétien, j'ai le devoir de l'aimer. Si votre vie mêlée d'accidents, de malheurs, peut-être de fautes, fut répréhensible, il ne m'appartient pas de vous jeter la pierre : ce que je vous demande seulement, c'est de choisir à cette heure entre mon amitié et celle des hommes qui, jusqu'à ce moment ont été les compagnons de votre vie. Vous ne trouverez dans ma maison ni la gaieté bruyante ni la dissipation. Nous buvons de l'eau, faute de vin, nous chantons pourtant, et nous nous estimons les plus heureuses gens du monde, n'ayant ni fardeau sur la conscience, ni tourment de l'avenir dont la Providence garde le secret... Je dois entourer ma petite famille d'honnêtes et pieux exemples ; un mot malsonnant, une scène d'ivresse, pourraient jeter une ombre sur ces âmes si pures. Si vous voulez travailler, car la fortune ne dispense pas de la loi du travail, et vivre comme un brave homme, venez de temps en temps vous asseoir à notre table, et causer le soir dans notre enclos. Mais si vous gardez l'intimité de Tarfel qui, nécessairement vous entraînerait à mal, nous ne pouvons vous donner preuve d'amitié.

— Votre main ! dit Bernhart, Tarfel ne m'a jamais parlé comme vous le faites ; loin de me consoler, il m'irrite et me torture.

Le lendemain Bernhart fit une visite à la maisonnette, et en sortit le cœur allégé. Mais au moment où il suivait la petite allée menant à sa demeure, un bruyant éclat de rire lui fit tourner la tête avec une sorte d'effroi, Tarfel et deux autres braconniers l'attendaient.

Ils le raillèrent de son engouement pour Hans, insistèrent pour entrer, Bernhart finit par céder à leurs désirs, et au bout d'une heure il était ivre comme eux.

Il se flattait que Hans ignorerait cette rechute ; mais les amis de Bernhart avaient trop intérêt à reprendre leur proie pour ne point s'enorgueillir de leur victoire. Hans adressa des réprimandes amicales à Bernhart ; celui-ci protesta de son repentir, et cependant une semaine plus tard, la même scène se renouvela. Hans lutta courageusement pour arracher cette âme à l'abîme ; mais un soir, Bernhart, sous l'impression de la folie de l'ivresse voulut forcer le petit enclos, et chanter devant les enfants une de ses honteuses chansons bachiques. Cette fois, le père de famille, justement révolté, chassa le buveur incorrigible, le mauvais sujet dont l'exemple pourrait être fatal à ses enfants.

Bernhart ne comprit point la haute raison morale qui portait Hans à agir de la sorte ; il conçut contre le couvreur un ressentiment profond, envenimé par Tarfel et ses amis, qui reprenaient sur cette nature dégradée leur premier empire. A force de calomnies, de paroles amères, ils excitèrent si bien Bernhart contre le couvreur, que celui-ci voua au mari de Marthe une haine mortelle dans dans laquelle fut comprise son innocente famille.

Quand Bernhart eut dépensé l'argent de la vigne, il mangea celui des prés.

La présence de ce débauché, de ce prodigue, devint un fléau pour le village. Sa maison servit de refuge à tous les mécréants de vingt lieues à la ronde. Lorsqu'une croix était arrachée au cimetière, des bouquets ravis à l'autel de la Vierge, on savait que Bernhart et sa bande avaient passé par là. Ils firent plus, les misérables. On leur apprit que tous les dimanches le pain du pauvre était placé dans la caverne de l'Ensevelissement. Bernhart paria qu'il mangerait de ce pain pendant une orgie.

— Tu le volerais dans la chapelle? demanda un contrebandier.

Il m'appartient comme au premier venu...

—Non, répliqua Tarfel, il n'est ni à toi ni à moi... c'est le pain de l'affamé, tu es riche...

— J'ai juré de prendre ce pain, je le prendrai...

Depuis que l'aisance augmentait dans le ménage, Marthe doublait le poids de sa galette, deux de ses enfants la portaient dans une corbeille; Marthe les conduisait déposer l'offrande sur le piédestal de la statue, puis les petits anges se dispersaient dans les champs, pour cueillir des bouquets.

Un dimanche, par une soirée printanière, un adolescent de quinze ans, pâle, exténué de fatigue, vint tomber, presque mourant, aux pieds de la Vierge de marbre; quand il reprit ses sens, il aperçut, à la lueur d'un cierge, le pain de Marthe, qu'il crut avoir été déposé dans la chapelle par le corbeau des saints et des prophètes. Il allait le porter à ses lèvres quand trois hommes avinés pénétrèrent dans la grotte.

— Pourquoi as-tu volé ce pain? demanda Bernhart à l'adolescent.

— Volé! la Vierge elle-même me l'offre, car sur cette table est écrit: « *pain du pauvre.* » Or, je suis pauvre, et j'ai faim.

— Donne-moi ce pain, dit Bernhart.

— Jamais! c'est l'aliment du souffrant et de l'affamé... et vous sortez de table... C'est le pain des malheureux et les florins tintent dans votre poche... Marie me l'a donné, je le garde...

— Que le diable te le rende!

D'un geste violent, Bernhart renversa l'adolescent, lui arracha le pain, puis, poussant un cri de triomphe, il sortit de la chapelle. Rentré dans sa maison, il mit le pain sur la table. Tarfel n'y toucha pas; par fanfaronnade, Bernhart y enfonça les dents, mais il ne consomma pas son sacrilége, et lança le reste du pain par la fenêtre.

A partir de ce moment, la licence du misérable ne connut plus de bornes. Il se targua de ses vices, et parut se réjouir de la terreur qu'il inspirait. Hans et Marthe devinrent, surtout, l'objet de sa haine.

Il aurait voulu rencontrer le couvreur, seul, la nuit, dans un chemin noir.

Mais Hans, sa journée finie, rentrait dans sa petite maison, et le couvreur n'allait point le dimanche au cabaret.

Le démon vint en aide à Bernhart. Un matin sa bourse se trouva vide; l'argent provenant de la succession de Fritz s'était dissipé comme s'envolent les feuilles sèches. Qu'allait-il devenir? Il ne voulait point travailler, et ne comptait guère sur l'amitié de ses camarades de débauche. Il parla de son inquiétude à Tarfel.

— Imbécile! lui dit le contrebandier, tu as un pré, un jardin, une maison... personne dans le village ne te donnerait ce renseignement, tu peux être sûr; non-seulement tu palperas quelques thalers, mais encore tu te vengeras de gens que tu détestes... Nul ici n'acquerrait, même pour douze deniers, la demeure de Marthe, moi je te la paierai cent florins pour ne pas te laisser dans l'embarras... Le terrain sur lequel Hans a bâti sa maison appartenait à

Fritz qui lui en fit cadeau, sans pour cela songer à échanger quelques écritures... Sur le sol de roche et de cailloux, Hans rapporta des terres, et maintenant champ, jardin et verger sont en plein rapport... Somme Hans de te montrer le contrat de vente ou l'article de testament qui le rend propriétaire de ce petit domaine... Il ne pourra le faire et tu rentreras dans ton bien.

— Tarfel ! tu es un véritable ami... Je te vendrai le champ et la maison ; dès demain on saura ce que vaut la haine de Bernhart.

Le lendemain, le vagabond prit le chemin de la maison du couvreur. Il sifflait entre ses dents et hâtait le pas. Sans appeler Marthe, Bernhart poussa la porte et pénétra dans la salle basse.

Au bruit de ses pas la jeune femme leva la tête.

— Que voulez-vous ? demanda-t-elle.

— Causer un peu... Savez-vous, Marthe, que vous vous êtes montrée dure à mon endroit... Suis-je un loup, que vous avez si vite écarté vos agneaux de mon passage ?... Ce qui survient arrive par votre faute... vous étiez trop fière de votre bonheur, Marthe, et vous ne vous étiez pas dit que le vagabond tenait une part de ce bonheur dans ses mains... Vous habitez une jolie maison, Marthe, le champ qui ondoie au vent donne une bonne récolte. De qui tenez-vous le champ, la maison et le jardin?...

— Les sueurs de Hans fécondèrent le sol, ses mains élevèrent la cabane.

— Mais ce terrain même appartenait à Fritz; et je ne n'ai point trouvé trace de cette vente dans ses papiers...

— Nous n'avons pas payé ce terrain, Bernhart; votre oncle, dont Dieu ait l'âme, le donna à mon cher Hans.

— La preuve de cette donation?

— N'existe chez personne... un serrement de main fut le remerciement de Hans; Dieu connut la générosité de Fritz, et nous n'avons cessé de l'en bénir.

— Et jamais vous ne vous êtes demandé si quelqu'un de la famille de Fritz n'élèverait pas de prétentions à propos de cette part de l'héritage?

— Ce serait un crime, les volontés d'un mourant sont sacrées.

— Rien ne me prouve que vous ne promîtes pas à mon oncle d'acquitter le prix de cette acquisition.

— Mon Dieu! s'écria Marthe, vous m'effrayez... Que voulez-vous, à quoi tendent vos paroles?

— Le voici, Marthe, vous m'avez interdit votre seuil, je le franchis en maître... et si vous ne me montrez un acte établissant vos droits sur ce domaine, je m'en empare et je vous en chasse...

— Nous chasser, nous? Vrai comme le sauveur Jésus est né pour mon salut et pour le vôtre, votre oncle donna ce champ à mon mari... Vous n'aurez pas la cruauté de nous jeter sur la route comme des mendiants... ce bien que vous convoitez est notre œuvre... tout nous connait et nous aime... ce serait une barbarie dont Dieu vous demanderait compte... Et une injustice aussi, car tous les hommes du village attesteront la vérité de ce que je vous dis...

— La loi me suffit...

— La loi, Bernhart! faites aux autres la mesure que vous souhaiteriez pour vous-même... Songez à quelle misère vous allez nous réduire... Je sais, je comprends... vous êtes le maître... Dieu daigne m'humilier, m'éprouver... Vous avez raison je me suis montrée dure pour vous... Il faut me pardonner... mais ces enfants ne vous ont rien fait... Si vous avez aimé votre mère, devinez ce que je souffre maintenant... Dites-moi que vous avez voulu m'effrayer... Ajoutez que vous nous laisserez le champ et la maison...

— Le champ est vendu.

— Ce n'est pas vrai, dit Marthe ; nul ne se fut prêté à une telle cruauté.

— Hors Tarfel, le braconnier.

— Sainte-Vierge, dit Marthe, nous sommes bien réellement perdus !

— Tarfel prendra demain possession, dit Bernhart en quittant la salle.

Marthe se redressa, baigna son visage dans de l'eau fraîche et courut chez le bourgmestre. Elle lui raconta la démarche de Bernhart et demanda un avis. Le magistrat répondit que Bernhart agissait en méchant homme, mais qu'il était dans son droit.

— Où logerons-nous demain ? demanda Marthe.

— Pauvres gens ! pauvres honnêtes gens... A l'autre bout du village, je possède une cahute, je vous l'offre... Hélas ! votre magistrat n'est guère plus riche que vous... faites-y porter vos meubles en attendant mieux...

— Merci, Monsieur ; ajoutez une nouvelle bonté à celle-là. Hans ne doit plus rentrer dans sa chère maison... il trouvera ce soir les enfants dans la nouvelle... la couvée fait aimer le nid...

— Mes cinq fils vont vous aider, Marthe.

Un moment après, les robustes garçons transportaient les meubles du modeste ménage dans la cabane cédée par le bourgmestre... Triste demeure, hélas ! l'autre semblait un palais à côté. Marthe ne se laissa pas abattre, fit les lits avec soin, et plaça des rideaux aux fenêtres.

Lorsque tout fut prêt, la courageuse femme suivit

le chemin d'une petite ferme que Hans réparait. En la voyant venir au-devant de lui, le couvreur quitta sa besogne. Le long de la route, les deux époux causèrent avec tranquillité; ils arrivaient au carrefour, quand, au lieu de prendre le sentier conduisant à sa maison, Marthe s'engagea dans un autre.

— Tu te trompes, dit Hans en riant.

— Je ne me trompe point, répondit Marthe avec tristesse.

Hans lui saisit le bras.

— Tu n'as pas l'habitude de venir me quérir après le travail. Tu ne veux pas rentrer chez nous... Ta voix s'altère, tes yeux se troublent... Marthe ! Marthe ! que se passe-t-il ?

La pauvre femme se jeta dans les bras de son mari.

— Les enfants! s'écria-t-il, un malheur est arrivé aux enfants !

— Non, Hans, non! grâce à Dieu.

— Alors, parle, je puis tout entendre.

Marthe commença le récit de ce qui s'était passé; elle acheva près de la porte de la cahute qu'elle poussa toute grande. Hans bondit vers ses enfants et dit à sa femme :

— Je bénis Dieu de t'avoir donnée à moi.

La résignation de Hans fut égale au malheur qui

le frappait. Mais cette résignation ne l'empêcha point de souffrir cruellement de sa ruine. Plus de grain dans le champ, de légumes dans le jardin, de fruits dans le verger... que pouvait le maigre salaire de Hans pour nourrir toute la famille ?

L'année avait été sèche, on n'eut guère de maisons à recouvrir. Hans se loua comme journalier, et s'employa à tout labeur.

Marthe reprit la filerie ; les enfants sarclèrent, glanèrent, coupèrent des osiers. Cependant malgré tant de zèle, quand arrivait le dimanche, le pain du pauvre porté à la *caverne* de l'Ensevelissement s'amoindrissait de semaine en semaine. Par l'été brulant, les jours pluvieux, les temps de neige, Hans tailla des ardoises, équarrit des planchettes, laboura, teilla du chanvre. La fièvre le saisit ; un matin grelottant et brisé, il se trouva dans l'impossibilité de reprendre sa besogne.

Nous l'avons dit, le village était pauvre. Chacun ressentit pour Hans et sa famille une pitié profonde ; malheureusement les secours ne furent pas à la hauteur de la bonne volonté.

Puis un double fléau s'abattit sur le pays ; les vignes furent malades, les pommes de terre ne se gardèrent pas, les pluies noyèrent la semence, le soleil grilla ce qui avait levé avec peine ; toutes les récoltes manquèrent à la fois. La charité se trouva comprimée par la détresse. Chaque maison compta un malade et plusieurs affamés.

Hans garda le lit trois mois. De quoi vécut la famille? Dieu seul put le dire. La huche demeurait le plus souvent vide. Le pain du pauvre se trouvait réduit aux proportions d'une hostie. Lorsque Hans put se lever et parcourir les champs, il demeura frappé de stupeur. La stérilité de l'Egypte pendant les sept années, figurée par les vaches maigres, pouvait seule donner une idée de la désolation des campagnes.

L'hiver fut horrible; le vent se déchaîna contre les chaumes et les toits de brique. Hans aurait eu beaucoup de travail si la misère avait été moins complète; mais, au lieu d'appeler le couvreur pour remplacer les tuiles et l'ardoise, on enfonçait dans le trou béant une poignée de fougères sèches ou une fascine de genêt.

Un jour d'orage, la foudre tomba sur le clocher de l'église et enleva la croix qui le surmontait. Il fallait au plus vite réparer ce désastre. Hans fut demandé; le pauvre homme miné par la maladie, ne se trouvait guère en état d'entreprendre un si rude labeur; il l'accepta malgré le danger qu'il présentait, parce qu'il s'agissait de la maison de Dieu.

Muni d'une échelle, de cordes et d'outils, il s'achemina vers l'église.

Le clocher ressemblait à celui de la petite ville d'Andernach, taillé d'une façon octogone, avec un chapiteau qui semblait prêt à tomber sur la tête des passants; il formait une pente roide à laquelle manquaient des points d'appui.

Un homme en pleine santé aurait à peine eu la force d'entreprendre cette besogne. Hans arriva péniblement sur le toit, et commença son travail; de temps en temps, il s'arrêtait épuisé, puis le reprenait, s'essuyait le front et recommençait de nouveau. Il ne restait plus que la croix à fixer.

Hans rampa sur le toit, trouva un tronçon de l'ancienne armature, y fixa une corde à nœuds et gagna le sommet du clocher.

Marthe rejoignait Hans en ce moment, inquiète de sa longue absence, et redoutant l'excès de la fatigue, elle accourait... Hans tourna la tête... eut le vertige... et tomba brisé sur le sol...

Marthe chercha le cœur de son mari d'une main convulsive; ce cœur ne battait plus; Marthe était veuve... L'infortunée veilla le cadavre et l'ensevelit. Les enfants pleuraient au pied de la couche funèbre; Marthe parlait tout bas à celui qui ne pouvait plus l'entendre. On enterra Hans le lundi suivant. Le hasard voulut que Bernhart passât près du cimetière pendant qu'on inhumait le couvreur. Une clameur de haine s'éleva contre lui:

— C'est l'assassin ! dit une voix.

— Il a volé la maison de Marthe! ajouta un autre.

— Honte sur l'impie! mort au véritable meurtrier de Hans!

Les cris, les menaces se croisaient; il ne fallut rien moins que l'autorité du prêtre pour empêcher qu'on ne massacrât Bernhart. Il s'enfuit comme Caïn; des voisins ramenèrent Marthe chez elle.

A partir de ce jour où il plut à Dieu de la séparer de Hans, la pauvre femme devint si pâle, si languissante, que dans le pays on la nomma: *Marthe-la-Désolée.*

La disette augmenta dans le pays. Tant qu'elle put, Marthe continua de porter son offrande à la grotte. Elle eut à peine suffi pour la nourriture d'une colombe.

— Le Seigneur juge l'intention, pensait Marthe.

Un matin les enfants crièrent:

— Du pain! du pain!

Marthe mendia.

De maison en maison elle implora du secours; hélas! elle rapporta si peu, si peu, que durant la nuit les enfants répétèrent encore:

— Du pain! du pain!

Marthe sortit à l'aube; la récolte fut plus mince

que celle de la veille. L'angoisse la prit si fort qu'elle espéra mourrir.

— Sainte-Vierge! s'écria-t-elle, je vous louai de mon mieux en soulageant les voyageurs affamés, ayez pitié de ceux-ci qui vont devenir deux fois orphelins.

Les enfants s'endormirent dans les larmes... Marthe, engourdie par le froid et la douleur, perdit le sentiment de ce qui se passait autour d'elle.

IV

La porte de la cabane s'ouvrit.

Une figure pâle, svelte, se dressa sur le seuil, des voiles l'enveloppaient, elle tenait à la main un cierge de cire que la rafale du vent n'avait pu éteindre.

L'apparition plaça la torche dans une branche de fer, et regarda autour d'elle avec une expression de pitié céleste...

Puis en rejetant son voile en arrière, elle alla vers la huche dont elle leva le couvercle. Elle recueillit quelques atômes de farine... doucement, lentement, elle les fit tomber entre ses doigts. A mesure qu'elle répétait ce mouvement, la farine augmentait de volume; elle déborda bientôt des deux mains; puis coulant en nappe blanche, elle remplit toute la hûche. L'étrangère puisa de l'eau, la mêla avec la farine; la pâte battue s'épaissit; mise dans des moules, elle fut prête à placer au four. On eut dit que les fagots s'y entassaient d'eux-mêmes, une flamme que nul n'avait soufflée les alluma; une heure plus tard, l'apparition rentrait dans la salle tenant entre ses bras huit beaux pains dorés. Elle les plaça sur la table, embrassa d'un dernier regard ce pauvre intérieur, reprit la torche de cire, ouvrit sans bruit la porte et disparut.

Une heure après celui qui se serait arrêté devant la *Piéta* de la grotte de l'Ensevelissement aurait vu la Vierge de Marbre soutenant dans ses bras le corps glacé de son fils...

V

— Mère! du pain! répétèrent les enfants de Marthe.

— Prenez mon sang! s'écrie la veuve en cachant son front dans ses mains.

— Du pain! du pain doré comme le gâteau des rois! Oh! mère, prends sur la table un de ces pains et partage-le nous.

— Seigneur! Seigneur! déjà le délire! répète Marthe.

Un mouvement se fait dans la salle; l'aîné des enfants et le plus jeune s'élancent vers la table et s'efforcent d'atteindre l'objet de leur convoitise; leurs forces les trahissent... les pains roulent bruyamment à terre, et les enfants poussent des éclats de rire. Ils jouent avec les pains, en posent un sur le lit de leur mère, et le plus petit agite un énorme couteau.

— Du pain! du beau pain doré comme le gâteau des Rois.

Marthe rêve-t-elle?

C'est bien un pain frais, savoureux, qu'elle sent sous sa main... les enfants ont raison... ce soir on ne pleurera pas dans la chaumière.

On est au dimanche ; la cloche sonne ; sur les huit pains, Marthe en garde un pour les pauvres.

On s'émerveilla dans le village, du cadeau qu'elle portait à la *caverne de l'Ensevelissement.* Des curieux demandèrent à Marthe comment il se faisait qu'elle fût si riche? Marthe répondit simplement qu'elle s'était endormie en priant, et qu'au matin les enfants avaient trouvé le présent mystérieux.

Pendant toute la semaine on ne parla pas d'autre chose dans le village. Le vendredi, la provision de pain était finie, Marthe en avait tant donné. Le samedi rien ne restait dans l'armoire, et cependant la veuve s'endormit sans inquiétude.

A minuit l'apparition revint, multiplia les atômes de farine, pétrit la pâte, retira les pains du four, les rangea sur la table et disparut de nouveau.

Le lendemain un paysan qui avait traversé le pays pendant la nuit, dit à un de ses voisins:

— Je ne passe guère pour timide... eh bien ! il s'en est fallu de peu que je sentisse une fière peur... Je me trouvais à la hauteur de la caverne quand une forme blanche en est sortie; elle tenait un flambeau à la main... Sans bruit, et presque sans mouvement, elle glissait sur la neige durcie... Je l'ai vue entrer chez Marthe... la curiosité m'ayant poussé, j'ai regardé à travers les volets... l'ombre passait et repassait dans la chambre... Son visage rayonnait comme un clair de lune... Au bout de deux heures elle est sortie, et s'est éloignée à travers la campagne...

— Tu as vu Marthe, mon pauvre ami.

— Non point! je connais Marthe, je pense... jamais, jamais, sinon quand je ferme les yeux pour deviner le paradis, je ne vis plus douce et plus majestueuse figure...

— Marthe me paraît une sainte du bon Dieu; si le ciel lui envoie aide et consolation elle l'a bien mérité... Tous les dimanches elle porte un pain à la grotte; de tout temps la chère créature se souvint des malheureux... Même depuis que ce brigand de Bernhart lui a volé sa maison, elle continue ses bonnes œuvres... pour qui seraient les miracles, sinon pour les créatures comme elle?

En ce moment le pasteur parut.

— De quoi vous entretenez-vous, mes amis? demanda-t-il.

— De Marthe, monsieur le curé, et de la multiplication des pains qui se fait chez elle. Nous sommes des ignorants, et si s'était un effet de votre bonté de nous dire...

— Mes enfants, répondit le prêtre, pendant dix

années, Marthe n'a jamais manqué de donner, chaque semaine, un pain au nom de la Vierge... et la Vierge Marie les lui rend aujourd'hui.

LA MARATRE

I

Dans une ferme d'assez bonne apparence règne un mouvement inusité ; les garçons ont une chanson aux lèvres ; les filles ajoutent un bouquet à leur corsage On suspend des guirlandes de houx au-dessous du seuil.

Un homme d'une quarantaine d'années se promène dans la cour et se penche de temps en temps au-dessus de la barrière de l'enclos, pour regarder sur la route.

Cependant, caché dans l'angle obscur de la salle basse, un groupe, composé de deux enfants et d'une vieille femme, ne prend nulle part à l'allégresse des serviteurs.

La tête voilée par son tablier, la vieille femme pleure à sanglots.

Les enfants, consternés par cette douleur, n'osent pas adresser de question à la vieille femme ; leurs petites mains jouent avec la frange de son mouchoir, et de temps en temps, ne sachant que lui dire, ils essaient de la consoler par une caresse.

Les sanglots de la vieille femme s'arrêtent et d'amères paroles s'échappent de ses lèvres.

— Pauvres agneaux ! dit-elle, vous ne comprenez point ce qui se passe...On vous pare de beaux habits, et si la Lisen ne pleurait pas si fort, vous seriez tentés de vous réjouir.... Pourtant, mes chéris, la douleur et la ruine entrent dans cette maison... Je sais bien que cette douleur et cette ruine sont représentées par une belle fille de vingt ans, qui vous prend sur ses genoux, et promet à Konrart de vous servir de mère... Mais la mère ne se remplace jamais... la vôtre est morte... Elle dort dans le cimetière où votre père ne vous conduira plus dans la crainte d'offenser l'orgueilleuse Héna par un pieux souvenir... Moi, seule, je vous mènerai le soir avec mystère sur la fosse abandonnée, et nous pleurerons celle que le Seigneur a placée parmi les saintes... Oh ! mes agneaux, mes chéris, c'est à moi que votre mère vous confia, je réponds de vous, je vous défendrai tant que j'aurai un souffle de vie, ou plutôt, tant qu'il ne me sera pas interdit de vous soigner et de vous aimer...N'est-ce pas une honte qu'une marâtre prenne la place de votre mère? La belle Héna croit à peine en Dieu, et je l'ai vue sourire de pitié, le jour où je dis devant elle que chaque semaine nous allions à la grotte de l'*Ensevelissement*. Héna s'est raillée de Marthe, quand celle-ci lui raconta l'histoire de Bernhart le vagabond, et celle de Bertran le saint prêtre... Mais le seigneur la châtiera, et Konrart pleurera toutes ses larmes, pour vous avoir forcés à demeurer sous le même toit que cette méchante femme ...

La vieille servante fut interrompue par un bruit de roues de chariot, de claquements de fouet, d'arquebusades et de cris de joie. Elle se leva chancelante et marcha vers la fenêtre ; les petits enfants la suivirent.

Dans la cour, Konrart le fermier venait d'offrir un bouquet magnifique à une jeune fille richement parée ; celle-ci souriait aux compliments des conviés, et répondait sans timidité aux souhaits de bonheur comme aux éloges.

Konrart paraissait radieux.

— Je vous remercie, lui dit-il, d'être venue vous-même, et de votre plein gré, dans cette maison... Il semble que mon devoir était d'aller vous chercher dans la vôtre, mais vous avez voulu agir de la sorte à cause des enfants... c'est d'un grand cœur et d'un doux esprit.

— Ces enfants, où sont-ils? demanda Héna.

Le fermier entra rapidement dans la maison.

— Lisen! dit-il à la servante, ne comprenez-vous pas que Lili et Wolf doivent embrasser leur nouvelle mère? Allez-vous, par avance, lui arracher l'amitié des petits? Ce serait une méchante action dont je vous saurais mauvais gré.

— Il n'est point de pire action que celle d'oublier les morts... dit Lisen.

— Paix, répliqua le fermier, et veillez sur votre langue, si vous tenez à rester ici...

— Vous avez juré à la défunte que je ne quitterais jamais la maison.

Konrart haussa les épaules.

— Il est vrai, poursuivit Lisen, que vous aviez également promis de ne pas amener de marâtre sous son toit.

— Silence, ou je vous chasse à l'instant même.

— Les enfants ne sont-ils point propres, lavés et peignés? demanda Lisen, la fiancée peut les accueillir et les embrasser sans crainte.

— Conduisez-les donc vers Héna, répliqua Konrart d'une voix moins sévère.

— Jamais! s'écria Lisen, il semblerait que je les lui donne.

En ce moment Héna parut sur le seuil.

— Vous ne me les donnez point, dit Héna, je les prends.

En apercevant la jeune fille qui dans une heure allait avoir tant de droits sur Wolf et Lili, Lisen rougit de colère, et se plaça devant les enfants comme pour les défendre.

Héna ne vit point ce mouvement ou n'en voulut pas comprendre la portée, elle repoussa d'un air tranquille, mais d'une main ferme, la vieille femme stupéfaite, et amena les enfants en pleine lumière.

— Qu'ils sont jolis ! et qu'ils semblent doux ! Suis-je assez privilégiée du ciel pour trouver ensemble dans cette maison un compagnon dévoué et deux petits anges ! que Lili a les yeux purs, quelle mutine figure que celle de Wolf. Ne vous détournez pas de moi, mes chéris, je vous aimerai comme une mère, je vous servirai s'il le faut.

— Pour les servir, Lisen suffit, grommela la servante ; quant à les aimer, leur mère est morte, c'est tout dire.

Héna leva un regard triste vers Konrart.

— Est-ce qu'à l'avance on entraverait mon œuvre ici ? demanda-t-elle.

— Ceux qui le tenteraient seraient mal avisés, Héna, car ces enfants vous appartiennent, par droit d'adoption.

Héna voulut les prendre dans ses bras. Peut-être les petits, émus de ses douces paroles, charmés par sa beauté, allaient-ils rendre à la fiancée les baisers dont elle couvrait leurs joues roses, quand ils rencontrèrent les yeux de la servante, pleins de terreur et de reproches. Alors, dérobant leurs visages aux caresses de Héna, ils poussèrent des cris plaintifs.

Ce sont des oiseaux sauvages, dit Héna, je les apprivoiserai.

Une minute après, le cortége se dirigea vers l'église.

Konrart paraissait triomphant. Sa conscience n'était pas assez délicate pour lui reprocher si vite son manque de parole. Il s'efforçait même de s'absoudre, en se répétant qu'il agissait dans l'intérêt des enfants.

Le fermier avait eu pour première femme, une créature honnête, tendre et dévouée; il lui dut un bonheur complété par la présence de deux enfants ; et la justice nous oblige à avouer qu'il aurait, sans nul doute, continué à chérir sa femme, si la mort ne la lui eût enlevée. Si grand fut alors son abattement, que les petits en eussent grandement pâti, si Lisen ne se fut vouée à eux corps et âme. La servante avait vu naître leur mère, Wolf et Lili faisaient réellement partie de son cœur. Elle crut que le désespoir de Konrart s'apaiserait; elle espéra beaucoup du temps; d'ailleurs, elle ne pensait pas que les enfants courusseut quelque d nger. Une promesse sacrée les défendait contre l'oubli du père. Quand elle s'était vue sur le point de mourir, la jeune mère avait attiré son m i près d'elle, en lui disant avec solennité:

— Jure que tu n'épouseras point u autre femme.

— Mais le Seigneur ne te reprendra pas à moi.

— Je ns qu'il m'appelle... en te sup iant de ne point contracter de secondes noces, j e cède point à une jalousie vulgaire, je souh seulement défendre Lili et Wolf, qu'une aut rendrait malheureux... Tu suffiras pour les p éger, et Lisen les aimera... D'ailleurs, ils gard encore une autre protectrice... le jour de m dernière sortie, quand je me sentais à peine sez forte pour me traîner le long de la haie je co luisis les enfants à la caverne de la *Vierge de* *arbre*, et je la suppliai de les adopter... La lumi e jouait-elle sur le visage de la madone? les lar s m'obscurcissaient-elles la vue? Il me sembla e le regard de Marie m'accueillait, et que ses vres me souriaient... Ce qui ne me trompa pas, moins, c'est ma foi ardente, mon espérance div ; Marie est devenue la mère de Wolf et de Lili.

Le fermier prononça le serment demandé par la mourante, et celle-ci s'éteignit, ses enfants dans les bras.

La douleur de Konrart fut sincère, mais elle s'usa vite. La mélancolie prit la place de la tristesse, puis l'ennui vint.

Lisen suivit le drame intime qui se passait dans ce cœur faible. Elle rapprocha les enfants du père, afin de rattacher celui-ci à la vie de famille ; mais elle s'aperçut bientôt qu'il songeait à épouser Héna, la plus jolie fille du village, mais en même temps la plus coquette et la plus rusée. Héna, orpheline et pauvre, feignit longtemps de ne point comprendre le but des assiduités du fermier ; mais, quand elle le rencontrait, elle ne manquait jamais de s'informer de la santé des enfants ; si elle les trouvait avec leur père, elle les couvrait de baisers, et c'était un tableau charmant de voir la brune et robuste fille, enlevant dans ses bras les mignonnes créatures, et leur parlant avec toutes sortes de calineries de langage.

Konrart se laissa prendre au piége ; il songea bien à la promesse faite à sa femme mourante, mais il se rassura en se disant que la malade obéissait à un sentiment de crainte puérile et non justifiée.

Restait Lisen. Konrart se sentit humilié devant elle.

L'humble femme ne manquait pas à sa parole, elle! Lisen servait sans gages, afin de ne pas être exposée à être chassée par un maître ingrat; il pouvait la renvoyer, mais non la traiter en mercenaire.

Rendons à Konrart cette justice, qu'il ne songea pas à rendre, pour ainsi dire, les enfants deux fois orphelins, en les privant de la servante dévouée.

Il attendit, un soir, que les enfants fussent couchés et resta seul avec Lisen; alors il tira d'énormes bouffées de sa pipe, comme il faisait dans les moments de grave embarras. La vieille femme l'observait sans rien dire, et ce silence les embarrassait tous les deux. Lisen pr.: la première une résolution :

— Pourquoi ne m'apprenez-vous point que vous épousez Héna? demanda-t-elle.

— Je crains vos reproches, Lisen.

— Eh! que peuvent ceux d'une pauvre femme, quand vous restez sourd à ceux de votre conscience... Soyez tranquille, j'aurai vite fini... Dieu vous jugera là-dessus. Moi aussi, j'ai donné une parole à la morte, et je la tiendrai... Jamais je ne quitterai les enfants... Vous êtes moins méchant que faible, Konrart... et je pressens d'avance que vous ne saurez ni protéger les petits, ni me défendre contre votre nouvelle femme... Jurez-moi, et puissiez-vous tenir ce serment mieux que le premier, que vous me garderez à la maison.

— Que Dieu me châtie si je manque à cette promesse!

— Dans la droiture de mon cœur, je désire que les enfants s'attachent à votre compagne. Si elle peut les rendre heureux... jamais la belle Héna n'aura à se plaindre de moi... Seulement, je me reconnais le droit de défendre les enfants de la morte, même contre elle, même contre vous...

— Tout est convenu, maintenant, dit Konrart, donnez-moi la main.

— Non, répondit la servante ; ce n'est point par rancune, mais j'aurais l'air de vous approuver en vous donnant un signe d'amitié.

Le fermier se leva et sortit.

Lisen refoula sa douleur et ses craintes ; elle s'efforça de rester calme. Mais un terrible orage grondait dans son âme ; elle devinait que Héna prendrait sur Konrart un empire absolu, et que, pour elle, il oublierait même ses enfants.

Enfin arriva le jour des noces.

Lisen habilla les enfants, et les garda, comme nous avons vu, dans la salle basse, jusqu'au moment où Héna les vint chercher. Une heure après, Héna rentrait en maîtresse dans la ferme de Konrart.

Pendant quelques mois, les prévisions de Lisen

ne se réalisèrent point ; si la fermière ne choyait pas les enfants elle ne les rudoyait jamais. Du reste, elle eut assez à faire pendant quelque temps : elle comptait le linge empilé dans l'armoire, surveillait le ménage, activait la besogne des servantes, se donnait plus de mouvement qu'il n'était nécessaire, mécontentait les serviteurs et continuait à exciter l'admiration de Konrart, qui ne trouvait pas dans tout le voisinage une femme comparable à la sienne.

Héna eut un fils, Konrart redoubla de soins et d'attentions pour la jeune mère ; les quatre domestiques suffisaient à peine à ses exigences. A chaque instant, Lisen dont le calme et l'expérience convenaient mieux que l'empressement maladroit des jeunes filles, était appelée près de la jeune mère. Lisen obéissait avec répugnance, car Lili et Wolf s'attristaient quand la vieille femme les quittait ; plus d'une fois elle les retrouva en larmes.

— Hélas ! mes chéris ! pensait-elle, si vous vous attristez déjà, que sera-ce quand *l'autre* sera grand ?

L'autre fut appelé Fritz.

Dès que Héna put sortir, elle n'eut d'autre soin, d'autre joie, d'autre orgueil que de montrer son enfant paré de dentelles. Elle se promenait tout le jour, négligeant ce qui, jusqu'à cette heure, l'occupait si fort. On ne vit plus que Héna dans le village et sur les chemins. Konrart se plaignit un peu de son abandon, mais la jeune femme, assurée de son pouvoir, haussa les épaules et se mit à rire, puis elle continua le même genre de vie.

Le fermier travailla jusqu'à l'épuisement, et cependant à la fin de l'année, loin de constater des bénéfices, il s'aperçut qu'il avait des dettes. Il voulut se persuader que les frais de noces, de baptême, s'étaient élevés à une grosse somme, mais la vérité est que Héna achetait trop de rubans et de fichus de soie. Elle qui, pendant son enfance, s'était trouvée privée de tout, ne sut pas se contenter de l'aisance quand elle fut devenue la femme du fermier. Elle voulùt rivaliser de luxe avec les plus riches artisanes du pays. Si son mari hasardait une observation, Héna se plaignait de n'être point aimée, et Konrart se taisait.

Deux autres berceaux furent successivement placés dans la grande salle : Fritz eut pour compagnon Otto et Hermann.

Cinq enfants ! lourde charge quand la mère ne surveille point le ménage et qu'elle aime la dissipation. Héna voulut faire de Lili et de Wolf les obéissants serviteurs de Fritz et de ses frères. Lisen défendit aux enfants de la morte de céder aux fils de l'étrangère. Un conflit devint imminent. Héna qui, jusqu'alors, avait dissimulé sa haine contre Lisen, s'emporta et menaça. La servante opposa une froideur glaciale et une force d'inertie désespérante à la colère de Héna. La fermière ordonna, la vieille femme refusa d'obéir, et comme Héna déclarait qu'elle était la maitresse absolue dans son logis, Lisen lui répondit :

— Oui, maitresse de la maison que vous ruinez, de votre mari que vous rendez la risée du pays, mais non point des enfants que m'a légués la trépassée.

— D'eux comme du reste ! répondit Héna.

En ce moment Konrart entra. Il avait entendu des voix manaçantes, et regarda les deux femmes d'un air interrogateur.

— Votre servante m'insulte ! dit Héna à son mari.

— Ce n'est pas vrai ! répondit Lisen ; d'ailleurs les servantes sont des filles à gages, et l'on ne me paie pas, moi ! Je suis la gardienne et l'amie des enfants, voilà tout !

— Lisen, ne pouvez-vous montrer de la déférence à ma femme ?

— Je me passerais de son amitié, dit Héna, mais je ne puis souffrir qu'elle enseigne à Lili et à Wolf à me désobéir.

— A vous, non ; à vos enfants, oui.

— Mes enfants sont leurs frères.

— Ils veulent faire des esclaves de Lili et de Wolf, et je vous le déclare, moi vivante, cela ne sera jamais. Le fils et la fille de la morte ont ici droit d'aînesse, ils sont riches! Je connais leurs vignes et leurs champs, Otto, Hermann et Fritz sont les fils d'une pauvresse.

— Taisez-vous, Lisen! s'écria Konrart, taisez-vous!

— Laissez-la parler, que je sache à quel point je puis être méprisée dans ma demeure et devant vous... On m'a traitée de marâtre et de pauvresse, eh bien! choisissez maintenant entre cette femme et moi... Si elle reste sous votre toit, je suis prête à le quitter...

— Vous, Héna! Lisen n'a pas voulu vous offenser si cruellement... elle chérit les enfants de son ancienne maîtresse... Ne lui en veuillez pas pour cela, et retirez vos dernières paroles.

— Elle ou moi! répéta la jeune femme.

Konrart hésitait et détournait la tête, Lisen comprit qu'elle était allée trop loin, et s'approchant de la fermière, elle lui dit avec plus de douceur:

— J'aime peut être trop ces enfants, il ne faut pas m'en vouloir: oubliez ce qui vient de se passer...

— Je n'oublie pas! répliqua la fermière avec dureté.

— Si tu as quelque affection pour moi, pardonne à Lisen, ajouta Konrart d'une voix conciliante.

— Je vous ai dit de choisir, dit froidement Héna.

— Je me suis humiliée, dit la vieille servante, je prie et je pleure, laissez-moi dans cette maison, et si vous m'en chassez... prenez garde que le Seigneur ne vous châtie dans vos fils.

— Misérable ! s'écria Héna, elle va les maudire... Sortez, vous dis-je, sortez !

— Konrart, dit solennellement Lisen, vous avez juré la veille de votre second mariage que personne, vous vivant, ne renverrait la seconde mère des enfants de la morte....

Le fermier ne répondit pas.

— Ainsi je dois partir ? demanda la jeune femme.

— Elle me quitterait...murmura le malheureux en montrant Héna.

— Je m'en irai... Je m'en irai, dit Lisen, et j'emmènerai les enfants.

— On dirait que je les chasse ! s'écria Héna.

— Préférez-vous qu'on dise un jour que vous les torturez ?

— Tout cela est fort malheureux, en vérité, dit Konrart... J'aurais voulu la paix dans la famille... Séparons-nous pour un temps, Lisen, nous verrons plus tard.

— Pauvre Lili! pauvre Wolf! dit Lisen entre deux sanglots.

Elle ajouta un moment après :

— C'est demain dimanche, j'ai coutume ce jour-là de les conduire à l'office, laissez-moi cette dernière journée.

— Oui, répondit péniblement le fermier.

Konrart et sa femme laissèrent la servante seule dans la salle. Alors le courage de Lisen tomba. Elle s'accusa d'avoir mal aimé les enfants, et ne sortit de son abattement désespéré qu'en sentant leurs petites mains essuyer ses larmes.

En vain lui demandèrent-ils la cause de son chagrin, la servante eut le courage de le leur taire. Elle retrouva même assez de volonté pour placer Lili et Wolf sur ses genoux et leur raconter une de ces histoires émouvantes dans lesquelles on voit des anges consoler les douleurs humaines et changer en trésor pour le ciel les martyres de la terre. Le lendemain les cloches s'éveillèrent de bonne heure dans la vieille église. Lisen habilla les enfants de noir et les conduisit à l'office ; ensuite, au lieu de les ramener à la ferme elle les guida du côté de la grotte. Jamais on n'avait vu plus de fleurs autour de la Vierge de Marbre ; jamais autant de cierges n'avaient brillé devant la sainte image.

Quand les enfants se furent agenouillés, Lisen éleva la voix :

— Sainte Vierge, dit elle, ces enfants vont perdre leur dernière mère; ne pouvant les garder, je vous les donne.

La vieille femme leur fit répéter cette parole consolante : « *Montrez que vous êtes notre mère,* » puis, raffermie par le sentiment de la foi, elle quitta la *Caverne de l'Ensevelissement*.

Le soir venu, elle attira les enfants dans le jardin et leur dit doucement :

— Je m'en vais, la maison n'est pas assez grande pour Héna et pour moi... N'oubliez pas la vieille femme... Quand vous aurez envie de pleurer, quand vous souffrirez, allez le confier à la Vierge de Marbre, elle vous consolera, car elle vous aime.

— Mais toi aussi tu nous aimes, Lisen, pourquoi veux-tu partir ?

— C'est la volonté de Dieu, mes agneaux.

Ils n'objectèrent rien, mais des larmes silencieuses coulèrent sur leurs joues.

— Nous ne te verrons plus jamais ?

— Si, mes chéris, quelquefois au cimetière... Lili, tu es d'un an moins âgée que ton frère, mais les femmes doivent dans la vie supporter le fardeau le plus lourd... Veille sur lui comme une petite mère... Chérissez-vous tous deux comme si vous étiez seuls au monde, et ne m'oubliez pas !

Lisen ayant de nouveau couvert les enfants de baisers, s'enfuit de la maison sans regarder derrière elle. Elle marcha devant elle, jusqu'à ce que les forces vinssent à lui manquer. La pauvre fille, qui soignait les enfants sans salaire, n'avait aucune économie. Le peu de florins qu'elle possédait à la mort de la fermière, avait payé des gâteaux et des jouets aux petits. La rudesse et l'ingratitude du fermier la prenaient au dépourvu, elle se trouvait sans argent et sans asile. Mais elle faisait partie de cette race croyante qui retrouve la force dans la prière. Elle se dit qu'elle trouverait toujours le moyen de gagner son pain, et s'en remit à la Providence du soin de son avenir.

La plus grande sagesse de l'homme serait de faire toujours ce que faisait là Lisen. Nous avons beau nous insurger, nous rebeller, crier que l'épreuve dépasse nos forces, nous tordre de désespoir, ou nous roidir dans un faux stoïcisme, rien n'est vrai, consolant et doux, si ce n'est de nous remettre dans les mains de Dieu.

On cite ce mot d'un orateur ancien: « Frappe, mais écoute. » Il est plus grand au chrétien de répéter: « Frappe, mais aime! éprouve, mais purifie! »

La révolte aigrit sans raffermir; elle ressemble à une tension de muscles exagérée, tension à laquelle succède toujours une grande faiblesse, revanche des nerfs épuisés. Lisen, nous l'avons dit, plia sous la main de Dieu; elle demanda du travail de maison en maison, une cabane de pauvres gens s'ouvrit devant elle, elle y entra pour soigner les enfants, car ce doux labeur lui convenait mieux que tout autre, et parfois elle se faisait l'illusion de croire n'avoir quitté ni Wolf ni Lili.

Depuis le départ de la servante, Héna gouvernait plus que jamais son mari. Ses trois enfants grandissaient; Wolf et Lili devenaient leurs souffre-douleurs; les enfants de la morte devaient supporter les brusqueries, les injures, les coups de leurs frères.

Fritz, colère et rageur, prenait Lili pour cible de ses méchancetés, et si Wolf essayait de défendre sa sœur, Otto et Hermann lui faisaient comprendre la valeur de cette expression: le droit du plus fort.

Un jour, Lili se plaignit de Fritz à Héna, qui se mit à rire.

— La Vierge de Marbre vous punira, dit l'enfant dont les yeux étincelèrent; vous nous croyez orphelins, mais la Madone nous protége.

— Pourquoi ta femme se montre-t-elle injuste envers nous? demanda Lili à Konrart qui entrait.

— Il faut l'appeler votre mère, dit le fermier.

— Elle n'est pas notre mère, car notre mère est morte... Elle n'est point notre amie, Lisen seule mériterait ce titre; elle doit peut-être nous commander, mais elle est obligée de t'obéir, et tu dois nous protéger contre elle.

Konrart jeta sur la petite fille un regard qui signifiait:

— Se montre-t-elle meilleure pour moi?

Et Lili, comprenant ce regard désolé, murmura:

— Pauvre père!

Le fermier commençait à s'inquiéter, ses affaires allaient mal.

Plusieurs récoltes se succédèrent si mauvaises, si ruineuses, que Konrart emprunta de l'argent. Héna n'en continua pas moins à dépenser pour sa parure; le fermier hasarda quelques observations: elles furent si mal reçues qu'il ne les renouvela pas.

Cependant, soit pour feindre de mal comprendre ce que voulait Konrart, soit pour commencer une réforme méditée depuis longtemps. Héna cessa de vêtir les enfants de la morte des habits qu'ils portaient d'ordinaire, et leur laissa seulement de misérables haillons. Les pauvrets se mirent à pleurer en se voyant pareils à des mendiants et refusèrent de sortir, tant ils éprouvaient de honte. Mais leurs frères les battirent, ils se sauvèrent dans le bois, et ne rentrèrent qu'à la nuit. Konrart soupait au moment ou Wolf et Lili se glissèrent dans la salle.

— Voyez les vagabonds! s'écria Héna en les traînant devant leur père, vit-on jamais enfants plus sales et plus déguenillés.

Ils se turent, muets et tremblants, les larmes aux yeux et le cœur gros.

— Soupez, dit le fermier en leur tendant du pain.

Ce soir-là, il ne les embrassa pas.

Le lendemain, la marâtre dit aux petits malheureux.

— Je ne veux pas de paresseux chez moi! Nous sommes au temps de la moisson, gagnez le pain que vous mangez... Vous me rapporterez ce soir les épis que vous aurez glanés, et si vous employez mal votre temps, prenez garde!

— Glaner, répéta Wolf, ce sont les pauvres qui glanent... nous ne sommes pas des mendiants... Lili et moi nous avons les vignes et les champs de de l'héritage de notre mère, Lisen nous l'a dit. C'est à Fritz, Otto et Hermann qu'il appartient de chercher des épis dans les sillons.

Le bras d'Héna tomba si rudement sur le visage de Wolf que le petit malheureux chancela.

— Viens, lui dit Lili, viens.

— Je ne veux point voler les pauvres, répéta Wolf à sa sœur quand ils furent tous deux sur la route.

— Essayons cependant d'obéir, dit Lili avec résignation.

Les enfants se dirigèrent vers un champ à demi-moissonné. Les travailleurs dormaient ; les lieuses de gerbes devisaient, en prenant quelque repos, les glaneuses suivaient les sillons et remplissaient leurs tabliers. Lili et Wolf se mirent à leur suite. Mais un enfant du village reconnut les enfants et les désignant à ses camarades :

— Les fils de Konrart parmi nous! les riches prenant l'épi du pauvre! Honte sur le fermier, et malheur à Lili et à Wolf s'ils nous enlèvent la récolte à laquelle nous avons droit.

— Hélas! murmura Wolf, c'est notre marâtre qui nous envoie.

La colère de l'enfant tomba.

— Au fait, dit-il, ce n'est pas ta faute, mais nous te rendons service en empêchant que cette méchante femme t'oblige à mendier. Tu lui diras que les glaneurs t'ont chassé!

— Cela ne m'empêchera pas d'être battu! pensa Wolf.

Le frère et la sœur quittèrent le champ.

— Qu'allons-nous devenir? demanda Lili.

— Je me souviens du conseil de Lisen : « Quand vous aurez un grand chagrin, allez le conter à la Vierge de Marbre. »

— Tu as raison, allons à la grotte !

Les orphelins s'y rendirent, accablés par la chaleur, las de la route, à peine eurent-ils prononcé quelques mots de prière qu'ils s'endormirent. Et pendant qu'ils sommeillaient, la Vierge de Marbre se pencha vers eux, et posa sur leurs fronts le baiser maternel qui n'effleurait plus leurs visages depuis le départ de la morte, depuis l'adieu de Lisen.

Les enfants firent un rêve : il leur sembla que les anges faisaient pleuvoir autour d'eux des milliers d'épis dorés. Ils ne glanaient plus, ils moissonnaient et du fond de leur âme, ils sentaient que Marie seule leur envoyait ces épis pour empêcher la marâtre de les maltraiter. Pauvres chérubins ! ils dormirent le reste du jour, quand ils s'éveillèrent au soir, ils s'embrassèrent en se demandant s'ils oseraient quitter la grotte et se rendre à la ferme.

— Ah! dit Lili, la Vierge est si bonne, l'air si doux, les étoiles si belles ; restons ici et rendormons-nous.

Ils avaient faim, ils cassèrent un morceau du pain des pauvres ; ils avaient soif, ils burent à la source dans le creux de leur main. De nouveau leurs voix enfantines s'unirent pour la prière, puis ils retombèrent dans l'angle de la grotte, vaincus par le sommeil.

II

Minuit sonne lentement, lentement...

La Vierge de Marbre quitte son socle de granit, baise le front de son divin Fils et s'éloigne.

Comme une vapeur, elle glisse; comme un astre, elle illumine.

Le long des champs, elle s'incline, proche des sillons elle se baisse... Elle recueille les épis, les amoncelle en petits tas rapprochés; avec sollicitude elle cherche le moindre épillet et l'ajoute aux autres... Tout le reste de la nuit, elle glane, glane, et ce que la Vierge a trouvé dans les champs suffirait pour former une grosse gerbe. L'aurore rougit le ciel, l'alouette chante, le jour vient...

III

Les enfants ouvrent les yeux, ils se sourient; la Vierge est immobile sur son piédestal, et la tête blessée de son Fils repose sur ses genoux.

— Wolf, dit Lili, j'ai songé que les glaneurs avaient quitté hier le champ d'où nous avons été chassés, retournons-y, le bon Dieu permettra que nous y trouvions quelque chose.

Les enfants courent, pleins d'espoir et de joie, la matinée est riante, et le chagrin, à leur âge, ressemble aux brouillards légers que le vent dissipe. A peine sont-ils entrés dans le champ de Johau, qu'ils poussent un cri de joie. Chacun d'eux aperçoit des épis par poignées, par bouquets. Ils les ramassent en chantant, et s'émerveillent d'une semblable récolte. Quoi ! ce champ moissonné, puis glané, peut donner tant d'épis ! Lili fait un lien à sa gerbe; Wolf noue la sienne, puis ils s'en vont traînant le long de la route leur moisson trop lourde.

Héna se tient sur la porte. Son visage s'enflamme de colère en apercevant les enfants. La veille, Konrart s'est inquiété de leur absence, Héna a dû mentir pour s'excuser, mais elle ne pourra toujours le tromper, et sera bien forcée d'avouer qu'elle les a envoyés glaner en les accablant de cruelles menaces. Cependant elle s'apaise à la vue des gerbes; Wolf et Lili rangent le blé dans l'étable, et prennent leur repas en silence. Le lendemain ils retournent dans le champ voisin et en rapportent le double d'épis, si bien qu'en comptant leurs gerbes dans le grenier, le nombre s'en trouve supérieur à celui que Konrart moissonne dans le plus fertile de ses champs.

Héna se promet de tirer, à l'avenir, parti de leur courage.

L'été prend fin, l'automne arrive. Les feuilles tombent des arbres, le bois mort apparaît, livide et comme sanglant.

Héna veut des fagots pour la cheminée de la salle. Ce ne sont point les enfants de la morte qui profiteront de la douce chaleur, mais Héna les chargera de ramasser les branches tombées, afin que ses enfants à elle se réjouissent devant la flamme joyeuse.

Les orphelins sortent de la ferme. Il fait froid; si froid que leurs petites mains sont rouges et roidies. Comme dans les champs ils avaient trouvé des glaneurs plus robustes qu'eux, dans la forêt ils trouvèrent des fagotiers qui les chassèrent.

— C'est une honte de voler le bois du pauvre, dit une vieille femme, votre père est un opulent fermier.

Les enfants pleurèrent et revinrent à la maison sans avoir seulement ramassé de quoi faire une flambée dans l'âtre. Héna les battit tous deux jusqu'à ce que l'engourdissement gagnât ses bras, et le matin elle les chassa de nouveau en leur disant :

— Je vous tuerai ce soir, si vous ne rapportez pas chacun un fagot.

Tristes et pleurant les enfants gagnèrent la forêt ; ils y virent des amas de bûchettes, des tas de branches, et tant et tant de bois mort, qu'avant midi leur fagot était lié, et qu'ils le rapportaient au logis.

— Vous le voyez bien, leur dit Héna, vous êtes d'indignes paresseux, quand on vous bat, vous obéissez. Rappelez-vous que, chaque soir, vous serez roués de coups si vous ne rapportez une charge de bois.

Pendant tout l'hiver, Wolf et Lili trouvèrent, pour ainsi dire, leur tâche remplie. Sans comprendre quel phénomène et quel miracle s'accomplissaient, ils ne manquaient jamais de remercier la Vierge de Marbre. Pauvres enfants ! de quelle gratitude ils se seraient sentis pénétrés, s'ils avaient vu la même vision blanche qui leur préparait les épis, chercher le bois mort, et le placer à portée de leurs mains.

Au printemps, Hermann, le plus jeune des enfants de Héna, tomba en langueur. Il devint pâle comme un lis, la vie se retira de ses yeux; la marâtre sentit son cœur se tordre dans sa poitrine. Le malade avait des fantaisies d'enfant souffreteux; il voulait, il demandait des fleurs, des violettes surtout.

Héna ordonna à Wolf et à Lili d'en chercher pour Hermann; mais soit que le soleil ne les eût point encore fait éclore, soit que les enfants ne connussent pas dans quelle partie de la forêt on les trouvait, ils revinrent les mains vides.

Le soir, ils furent accablés de mauvais traitements sous les yeux d'Hermann, qui n'implora point leur grâce.

A l'aube, ils se prirent par la main et s'en allèrent. Miracle! tous les buissons étaient fleuris sur leur route, toutes les prairies avaient des primevères, toutes les mousses cachaient des violettes.

La première part de leur moisson fut consacrée à tresser une guirlande qu'ils placèrent sur le front de la Vierge; la seconde, apportée à la ferme, fut répandue sur le lit du petit malade.

Nous avons dit que Héna ne prenait aucun soin des vêtements des enfants de la morte. Chose étrange, cependant, leurs habits semblaient toujours propres; personne ne lavait leurs jolis petits visages, et pourtant leurs visages brillaient comme des fleurs ; Héna ne peignait jamais leurs chevelures blondes, et des cheveux nattés et bouclés couronnaient leurs fronts purs.

Héna se sentit plus d'une fois irritée à la pensée qu'elle ne réussirait jamais à avilir ces enfants si beaux, si doux, si pieux, mais elle ne pouvait cependant les maltraiter, sous prétexte qu'ils ne réduisaient pas leurs vêtements en lambeaux, et qu'ils ne portaient point leurs cheveux en broussailles.

Un matin, Hermann, plus languissant encore que de coutume, demanda à sa mère :

— Pourquoi ne t'es-tu pas couchée ?

—Je me suis couchée, mon chéri, je me lève seulement à cette heure.

— Non, dit Hermann, je t'ai bien vue, toute la nuit tu as travaillé dans la maison.

— La fièvre te brouillait les yeux, mon enfant bien-aimé.

— Je n'avais point la fièvre, j'étais assis sur mon séant, dans mon lit; tu avais un grand vêtement tout blanc, un peu roide, et tu allais sans te presser.

D'abord tu as pris sur la chaise haute les vêtements des autres... et tu t'es penchée sur le grand baquet pour les laver; ensuite, tu les a tordus, secoués, comme font les lavandières... avec beaucoup de soin tu as allumé le feu, puis repassé les vêtements humides... Pendant ce temps, *ils* dormaient. Quand les habits furent blanchis et placés en ordre, tu as mouillé un linge fin, oh! fin, et tu l'as passé sur leurs visages, doucement et lentement. Ils ne s'éveillaient toujours pas. Tu les as soulevés, et tu as pris Wolf sur tes genoux; je ne pouvais voir ton visage, car tu portais un voile, mais je distinguais tes mains blanches comme la cire, qui peignaient les cheveux de Wolf et les bouclaient sur son front... Ensuite est venu le tour de Lili... quand elle a eu ses belles tresses sur son dos, tu l'as baisée au front, puis recouchée dans son berceau.

— Ensuite? demanda Héna.

— Tu t'approchais de mon côté; j'ai tendu les bras vers toi, je t'ai appelée; mais ta main s'est étendue vers mon berceau comme pour me repousser.

— Ce n'était pas moi! ce n'était pas moi! répéta la mère.

— Alors, qui donc?

— Lisen, ce devait être Lisen, qui enfreint de la sorte ma défense et qui vient, chaque nuit, s'occuper des enfants de la morte.

— Ce n'était pas Lisen, répliqua l'enfant malade.

— Qui te le prouve !

— Lisen marche lentement, lourdement comme une vieille, vieille femme ; tandis que la femme blanche allait sans bruit. Puis elle semblait grande et svelte, et, sans la voir, on savait qu'elle était belle.

Héna se sentit trembler. Ce qui la rassura, cependant, ce fut la pensée que son enfant avait le délire.

Mais Hermann répéta à plusieurs reprises :

— Je ne rêvais pas, je n'avais pas la fièvre.

A mesure que la journée s'avançait, la femme de Konrart sentait redoubler son malaise. Durant le souper, elle resta silencieuse. Après le repas, elle ordonna aux enfants de se coucher bien vite. Ils obéirent; comme d'habitude, ils placèrent leurs vêtements sur la grande chaise. Héna les prit, les examina et constata que ceux de Lili étaient déchirés par les épines et souillés par la poussière du chemin. Sans rien dire, elle les remit à la même place, et rejoignit son mari. Hermann lui avait dit:

— Prends mon bras, et vois si j'ai la fièvre.

Héna vers cinq heures du matin descendit dans la grande salle.

Lili et Wolf dormaient encore. Elle s'approcha

de leurs berceaux; leurs visages frais et blancs, leurs cheveux soignés et lisses attestaient, trahissaient une main de femme attentive. Enfin, sur la chaise, se trouvaient les vêtements blanchis, raccommodés, pliés.

Héna frissonna. Elle courut à la porte; les verrous y étaient encore; personne n'était entré dans la salle. Hermann appela sa mère et lui dit mystérieusement:

— *Elle* est venue.

— Pourquoi ne me dis-tu pas comme hier : tu es venue?

— Parce que je sais maintenant que ce n'est pas toi.

— Mais si ce n'est ni moi ni Lisen, demanda Héna, qui est-ce.

— La morte peut-être... dit Hermann.

— Oh! tais-toi! tais-toi!

— Alors, qui donc?

Héna tomba agenouillée près du berceau.

— Tu ne sais pas, reprit Hermann, je suis bien malheureux que la Vision blanche me repousse... Je trouve Lili et Wolf si heureux d'être soignés, caressés par elle... tu m'aimes bien, mais elle les aime mieux.

— Seigneur, cette femme me prendra-t-elle mes enfants à moi!

Pendant tout le jour Héna parut préoccupée et triste. Otto ne quittait point le petit malade; il était plus pâle que de coutume et ne jouait pas; Fritz lui-même semblait accablé. Le temps était orageux l'électricité chargeait l'air. Quand Héna ordonna à Wolf et à Lili d'aller chercher des fleurs pour Hermann, celui-ci dit d'une voix douce :

— Non! non! l'orage est passé! je me passerai de fleurs aujourd'hui... dis à Lili et à Wolf de venir jouer avec moi et mes frères.

— Remerciez Hermann, dit Héna, et ne vous montrez ni méchants ni querelleurs. Pendant tout le jour, soit dans la salle, soit dans le jardin, les enfants s'abandonnèrent à une joie enfantine. Pendant un moment, Hermann se trouva seul avec Lili et Wolf et il leur dit :

— Priez-*La* de m'aimer.

Wolf plaça discrètement un doigt sur ses lèvres,

— Je t'ai fait souvent de la peine, ajouta Hermann, pardon...

Wolf l'embrassa. Après le repas, la fermière tira les verrous, embrassa Hermann qui semblait calme et presque heureux, et se rendit auprès de ses autres enfants dont le pouls devenait fréquent et le regard fiévreux. Les yeux d'Hermann se fermèrent malgré lui, car chaque soir il se promettait d'attendre le moment où la Vision pénètrerait dans la chambre ; quand il les ouvrit, el. · se tenait debout à côté de son berceau.

— Prenez-moi ! oh! prenez- moi ! balbutia . › petit malade.

L'enfant n'entendit aucun son passer les lèvres de l'apparition, mais il comprit qu'elle lui répondait :

— Pas encore !

Il se souleva, tendit les bras, et la vision, loin de s'enfuir, souffla comme une caresse sur son visage. Alors il retomba sur ses oreillers. Le lendemain Fritz et Otto ne purent se lever. La maladie s'emparait des trois êtres que chérissait la marâtre. On appela le médecin; le médecin secoua la tête.

— Il faudrait un miracle ! dit-il. Un miracle, et Héna ne croyait pas ! Pendant la nuit suivante Hermann, devenu de plus en plus faible, demanda à la Vision :

—Je mourrai bientôt ?

La Vision inclina la tête.

— Te verrais-je quand je serai mort ? ajouta le petit malade.

La Vision sourit.

Attirée par la terreur près du lit d'Hermann, Héna se pencha vers son fils.

— A qui parles-tu ? demanda-t-elle.

— A *Elle*... je lui ai demandé si j'allais bientôt mourir.

Mais de quoi meurs-tu, Hermann, mon amour?

— Je crois savoir: tu nous aimais, mes frères et moi, mais tu haïssais Wolf et Lili... nous les haïssions aussi... Alors Dieu, qui veut qu'on s'aime, s'en prend à nous pour te punir et nous faire expier...

— Hélas! je fus seule coupable, s'écria Héna; dans vos jeunes cœurs j'ai fait germer de mauvaises pensées... c'est moi qui vous appris à appeler votre frère : Caïn...

— J'aime Wolf maintenant, dit doucement Hermann.

— J'ai fait le mal, je le réparerai... Je vais soigner et chérir ces enfants, à force de les aimer je rachèterai vos vies.

A partir de cette heure, Héna établit une égalité absolue entre les enfants. Après le souper elle les coucha, borda leurs lits, les embrassa, puis elle prit les vêtements, les savonna, les repassa et ne prit de repos qu'après avoir achevé sa besogne nocturne. A minuit, Hermann s'éveilla; la Vision venait d'apparaître. Elle s'approcha de la couche des orphelins, vit que tout était en ordre, s'avança vers le petit malade, s'assit près de son berceau et ne le quitta avant l'aube.

Quand Héna pénétra dans la chambre, Hermann paraissait transfiguré.

— Oh mère, dit-il, mère, que je souhaite quelque chose.

— Quoi? demanda-t-elle, ravie de voir son enfant exprimer un désir.

— Je voudrais aller à la grotte de l'*Ensevelissement*.

— Je t'y porterai mon amour.

— Mère, ajouta Hermann, je l'ai revue, je crois qu'elle m'aimera...

Héna enveloppa soigneusement Hermann, le prit dans ses bras et se disposa à sortir.

— Emmène Wolf et Lili, dit le petit malade.

Les enfants de la morte suivirent la marâtre, qui devenait plus douce et meilleure à mesure qu'elle avait peur de perdre son fils. Quand l'enfant aperçut la grotte, il frappa l'une contre l'autre ses petites mains pâles. Héna le déposa sur les marches de l'autel. Hermann poussa un cri:

— C'est *Elle*, dit-il en regardant la Vierge de Marbre, c'est la Vision!

Sa jeune âme s'abima dans un sentiment de regret, de douleur et d'espoir; il attira Wolf et Lili sur sa poitrine, tourna une dernière fois la tête vers la *pietà* et mourut pardonné.

Héna fut tombée sur le sol si deux bras ne l'avaient soutenue: Lisen était derrière elle. La fermière voulut elle-même rapporter le corps de son enfant et l'ensevelir... Son âme était changée; elle comprenait l'horreur de sa conduite; elle adopta les enfants de la morte, et le Seigneur lui laissa Fritz et Otto.

LE CONDAMNÉ

I

La nuit est venue; la lune n'apparaît point au ciel, mais il fait *clair d'étoiles* selon l'expression charmante des paysans.

Le long d'une rivière, si petite qu'on pouvait la prendre pour un ruisseau, glisse une forme légère.

Est-elle formée par les brouillards de l'eau? Trompe-t-elle les yeux par une fausse apparence? Faut-il voir dans cette apparition aérienne une condensation de vapeur s'élevant des prés humides?

Elle semble voler sur la pointe des herbes, son passage ne les courbe point; on dirait qu'il les parfume. Pour aller si vite, si vite, qu'elle mission remplit cette ombre voilée?

Suivons la.

Plus loin que le village, au-delà d'une forêt sombre, après les vignes couvrant la pente des côteaux, bien après le château gothique. Voici une ville, une vieille ville dont les portes massives sont tombées dans les fossés privés d'eau, mais qui garde encore des vestiges de grandeur. Les rues de cette ville sont désertes. Nulle clarté ne brille aux fenêtres; pas un bruit ne rompt le silence de cette cité endormie.

L'apparition arrive à la grande place, traverse la rue qui lui fait face, tourne à gauche, se glisse dans une ruelle étroite, noire, et s'arrête devant une demeure haute, hautel et sombre, si sombre qu'on dirait un tombeau. Frappe-t-elle à la lourde porte hérissée de têtes de clous? sa main parait à peine soulever le heurtoir. Elle effleure le grossier assemblage de poutres, de bandes de fer, de gonds, de verroux, et soudain cette masse s'ébranle, tourne sur elle-même, et la forme aérienne disparait. Si la lune brillait on verrait, écrit au-dessus de la porte, ce mot sinistre: *Prison*.

II

Le prisonnier est couché sur une botte de paille. Seul de tous les habitants de la ville, il ne saurait dormir; il continue sa veille effrayante et compte machinalement les pulsations de l'artère pour apprécier la fuite des heures.

Chaque minute qui s'écoule est retranchée de son existence. Cet homme ne s'appartient déjà plus. Il est sous la main de la loi, qui lui a dit :

—Tu mourras, parce que tu as tué!

Il a eu beau protester de son innocence, chercher des preuves, des témoins, rien n'a pu convaincre ses juges. Quand le malheureux a rappelé sa jeunesse paisible, vertueuse, on lui a répondu : hypocrisie! Quand il a levé le front devant ceux qui l'accusaient, on a crié : cynisme.

Sa mère, sa vieille mère, est venue en pleurant adjurer les homme de suspendre au moins l'exécution de leur sentence, ils ont fait signe au bourreau et lui ont dit: Fais ton devoir!

Le bourreau, voilà l'unique visiteur attendu par le captif.

Un autre homme a cependant pénétré dans le cachot. Vêtu de noir, austère de visage, mais compatissant de cœur, il s'est assis près du condamné, l'a pris dans ses bras, et, d'une voix tremblante de pitié, l'a nommé son frère.

— Me croyez-vous coupable ? lui demanda le prisonnier.

— Je vous sais malheureux, cela me suffit.

— Je suis innocent ! Je veux que les hommes croient à mon innocence.

—Le Seigneur la connaît.

—S'il la connait et me rend victime de l'erreur des hommes, où est sa justice ?

—Ne blasphémez pas, mon fils !

—J'ai prié Dieu, j'ai invoqué les anges... J'ai fait vœu de jeûner tous les vendredis, en mémoire de l'injuste condamnation du Messie... Ma mère, mes amis, mes parents, ont rivalisé de piété et de tendresse, et cependant je vais mourir ... Encore une nuit, une aurore, et tout sera fini...

—Vous oubliez l'Éternité.

—Ce mot augmente mes tortures, il me rappelle que mes tourments ne se borneront pas à cette vie... Je ne parviendrai point au Ciel par le chemin du supplice, car je meurs en désespéré...

—Pauvre enfant ! pauvre enfant !

Si vous saviez combien je tenais à la vie et combien j'avais raison de l'aimer... J'ai une mère dont la bonté ne s'est jamais démentie, je possède une modeste aisance, je travaillais avec bonheur, je voulais devenir un homme utile et payer à la société mon tribut de labeur et de courage quand, tout à coup, la foudre est tombée sur ma tête. Je me suis vu arrêté, emprisonné, accusé d'avoir assassiné un vieillard que j'aimais à l'égal d'un père... J'ai parlé aux juges, j'ai tenté de prouver que je ne pouvais en être le meurtrier... A toutes mes dénégations on a répondu : Vous héritiez de cet homme, vous aviez intérêt à sa mort. Intérêt ! lui qui m'avait élevé, instruit, lui qui me formait à la vertu, et dont le souvenir remplit mon cœur de sanglots...

Le jeune homme appuya son front sur l'épaule du prêtre et pleura.

—Mon ami, répondit le saint ministre, je n'assistais point au procès, et je ne connai cette terrible affaire que par les propos de la foule et l'arrêt des juges. Racontez-moi ce qui s'est passé. Faites, en même temps, le testament de votre cœur et la confession de votre vie.

— Merci de vouloir bien m'entendre, mon père; si une vérité tardive éclate quelque jour, vous attesterez que j'ai protesté jusqu'à ma dernière heure contre un arrêt infamant. Je suis né dans un humble quartier de cette cité tranquille. Mon père, honnête marchand retiré des affaires, se maria à l'âge de quarante ans. Je vins au monde peu de temps après, et la double tendresse de mon père et de ma mère ne tarda pas à se concentrer sur moi. Mon père m'enseigna l'amour du travail, ma mère la crainte de Dieu. Je témoignai le désir de m'instruire, on me fournit le moyen de faire des études complètes. Nous avions pour ami un vieillard dont le nom m'est jeté aujourd'hui comme une insulte. M. Walter était redevable à notre famille d'un service important dont il ne précisa jamais devant moi la nature, mais qui le portait à me témoigner une vive amitié. Je savais qu'il était riche, et plus d'une fois il répéta devant moi: Ma fortune doit appartenir à Bertrand. Il fit un jour vaguement allusion à l'existance d'une sœur qui avait brusquement abandonnée sa famille sans qu'il fut possible de savoir ce qu'elle était devenue. Tout portait à croire qu'elle était morte, sans cela Walter n'eût sans doute pas songé à m'instituer légataire de ses biens. L'aurait-t-il souhaité, ma famille s'y fut opposée par respect pour la justice.

Mon père tomba gravement malade; avant d'expirer il plaça ma main dans la main de Walter :

—Voilà celui qui me remplacera près de toi dit-il.

Le lendemain, ma mère et moi nous pleurions près d'un cercueil.

Le temps finit par adoucir l'âpreté de notre chagrin, et nous nous accoutumâmes à regarder le ciel pour y trouver celui qui nous manquait.

Je repris mes études, Walter se voua plus que jamais à mon avenir, et rien ne semblait devoir-être plus régulier, plus paisible que ma vie, quand arriva le malheur qui allait m'être imputé à crime.

Il y a deux mois, errant un soir dans la campagne, je m'arrêtai fatigué au pied d'un châtaignier qui domine le paysage du côté du Sud. Vous le savez, cet arbre gigantesque se trouve placé moitié sur le côteau, moitié dans le champ appartenant à Clamarg. La haie semble le partager en deux. Une partie de la récolte des fruits appartiennent à la commune, c'est-à-dire aux enfants qui les recueillent ou qui les abattent, l'autre au propriétaire du champ, qui a également droit à l'émondage des branches. De cet endroit je voyais la ville qui s'emplissait d'ombre, la petite rivière semblable à de l'argent en fusion, et loin, tout au loin, la caverne de *l'Ensevelissement*.

Un bruit de pas m'arracha à ma rêverie, et je distinguai deux voix dont le diapason trahissait une sorte de crainte :

« —Ainsi, demanda une voix, tu ne l'as jamais vu?

« —Jamais! ma mère ne pouvait lui pardonner de nous avoir laissés dans la misère.

« —S'était-elle volontairement brouillée avec son frère?

« —Très volontairement, mais elle n'en jugeait pas moins qu'il nous devait des secours pendant sa vie, et toute sa fortune après sa mort.

« —D'après les renseignements pris, cette fortune est près de t'échapper?

« — Oui, si tu manques de courage!... le vieillard a fait un testament qui doit-être supprimé; tu as promis de t'en saisir ... et tu auras droit au partage.

« —Partager! je fais toute la besogne.

« — Tu ne cours aucun risque, on ne te connait pas.

«—On ne te connait pas davantage.

« —Non, mais j'hérite; ce qui suffirait pour me rendre suspect. Grâce à ma vie nomade et aux précautions que j'ai prises, on cherchera vainement dans ce pays des traces de notre passage... Nous y reparaîtrons dans quelques mois seulement, quand tout sera fini...

« —Et si un autre est accusé de ce meurtre?

« Il aura pour lui le témoignage de sa conscience.

« C'est convenu... demain. »

J'étais demeuré stupide, d'étonnement, d'horreur et de crainte. Je me levai, je voulais courir après les deux complices, les effrayer, les menacer, leur prouver que j'avais connaissance de leurs projets criminels... Ma pensée flottait dans le vague, j'étouffais, la voix s'arrêtait dans ma gorge. Je pris en courant, et d'instinct, le chemin de la maison de Walter, j'y frappai vainement, personne ne me répondit ; je rentrai chez moi frissonnant de crainte, et le lendemain, quand j'approchai de la demeure de mon ami, je vis une grande foule assemblée devant sa porte. On parlait, on gesticulait; des exclamations se croisaient, les mots de regret, les cris d'indignation se mêlaient aux sanglots.

Puis soudainement, à cette explosion succédait un silence plein de stupeur. Les yeux inquiets et curieux se tournaient vers les fenêtres du logis; on se haussait sur la pointe des pieds pour tâcher de voir ce qui se passait dans la salle du rez-de-chaussée. Je compris qu'un malheur venait d'arriver.

— Meister Bertrand, dit une voix, laissez passer meister Bertrand. La foule s'écarta et je pénétrai dans le couloir. D'abord je ne distinguai rien; le soleil inondant la rue rendait le corridor plus sombre. Guidé par le bruit des voix, j'entrai dans la pièce qui servait à Walter de cabinet de travail. Elle présentait un affreux désordre, et les personnes qui s'y trouvaient semblaient respecter cet état de choses inusité. Un homme grave et vêtu de noir écrivait sur le bureau de Walter, et la feuille sur laquelle il traçait rapidement des lignes régulières frolait un parchemin maculé de taches de sang. Une main inerte gisait sur le sol...

La face convulsée, violacée de la victime, ne me rappelait rien de la douce physionomie de mon ami, et cependant, c'était bien le cadavre de Walter qui se trouvait devant moi.

Evidemment, on avait forcé les meubles, fouillé les papiers, dérobé l'or contenu dans le coffre.

En m'apercevant, le magistrat qui traçait une sorte de procès-verbal me regarda avec bienveillance et pitié.

— Meister Walter était votre meilleur ami? me demanda un des témoins de cette scène.

— Le meilleur de tous, un père adoptif.

— Qui vous a appris sa mort tragique?

— Personne!... Une terreur prophétique, un instinct m'a poussé chez lui hier soir, trop tard pour qu'il me reçût et ce matin encore.

Le juge qui écrivait s'arrêta.

— A quelle heure avez-vous frappé à la porte de Walter ?

— Il devait être près d'onze heures.

— Le crime était déjà commis, comme le prouve une montre brusquement tombée, et dont les aiguilles sont arrêtées à dix heures et demie.

— Je ne crois pas, répliquai-je, que le crime fût déjà commis.

— Vous ne le croyez pas ? Vous savez donc quelque chose ?

— Mes renseignements manquent tellement de précision, répondis-je, qu'ils valent à peine d'être recueillis.

— Rien n'est inutile à la justice.

Je racontai alors l'entretien surpris la veille près du châtaignier, mes frayeurs, la pensée rapide qu'il pouvait s'agir de Walter, mes hésitations, ma course jusqu'à la maison de mon ami, mon insistance à frapper à sa porte. Quand on me demanda le signalement des rôdeurs, il me fut impossible de satisfaire la justice, car la nuit était sombre, et je n'avais pas vu leur visage.

—Voulez-vous signer votre déposition ? me demanda le magistrat quand j'eus fini.

Je mis mon nom au bas de la page, et je quittai cette maison lugubre.

Le lendemain on ouvrit le testament de Walter et j'appris qu'il me léguait toute sa fortune.

D'ordinaire, un accroissement de richesse attire près de l'héritier une foule d'amis nouveaux, de parasites empressés; il n'en fut pas ainsi, à mon égard; je crus voir qu'on s'éloignait de moi... On mit dans l'accomplissement des formalités ayant pour but de me mettre en possession des biens de Walter, des lenteurs inattendues et calculées. Je devinais dans l'esprit public une hostilité sourde.

Sans savoir pourquoi j'éprouvais une sorte de honte. Je fuyais mes amis qui paraissaient le trouver naturel.

Un jour le juge me manda dans son cabinet. Son accueil fut froid; après un rapide échange de politesses banales, il me demanda si jamais Walter ne m'avait parlé de sa famille.

— Pas d'une façon précise, répondis-je; sa sœur vit probablement encore, mais rien ne m'en donne l'assurance.

—Connaissez-vous les motifs qui séparèrent le frère de la sœur?

Des phrases vagues sur les mésalliances et les suites qu'entraînent les mauvais mariages... me firent conclure que Gretchen Walter avait épousé un homme au-dessous de sa condition.

— Vous ignoriez que le mari de Gretchen eût subi une condamnation?

—Complétement.

— Gretchen Walter est ici, reprit le magistrat en fixant sur moi ses yeux clairs; elle vient demander vengeance du meurtrier.

— Et réclamer ses droits à l'héritage?

— Naturellement, cette affaire est grave, très-grave, Bertran. Deux hommes avaient un intérêt direct à la mort de Walter: vous et son neveu. Deux testaments furent successivement faits par votre ami: l'un en faveur du fils de Gretchen, et il a disparu; l'autre à votre bénéfice et on l'a retrouvé... Le fils de Gretchen Walter accompagne sa mère; il ne l'a point quittée depuis plusieurs mois; c'est un jeune homme maladif, de mœurs paisibles. J'aimais votre père, Bertran; jamais la dure tâche qui m'incombe souvent ne m'a semblé plus rude... Mais l'inflexible devoir...

— Qu'est-ce à dire! m'écriai-je, me soupçonnerait-on?

— On vous soupçonne, votre sortie pendant la soirée du crime, l'invraisemblance de votre récit à l'égard des deux hommes que l'on a vainement cherchés ...Tout vous accuse.

— Mais je suis innocent!

— Je veux le croire, en attendant...

Le juge agita une sonnette, deux hommes robustes et de mine farouche parurent.

— Je comprends, dis-je, je suivrai vos agents sans difficulté... Accordez-moi une dernière grâce : la permission d'embrasser ma mère, ensuite je me rendrai sans escorte à la prison de la ville.

Par un reste de pitié, le juge le permit ; je courus au logis de ma mère, je lui appris l'horrible vérité... Elle refusait de me croire, elle me répétait que cela était impossible, qu'elle répondrait de moi honneur pour honneur ; qu'elle me défendrait contre la justice, qu'elle me disputerait au bourreau. Je lui rappelai ce que j'avais promis, et la quittant, je la laissai dans les larmes.

En ce moment, fort de mon innocence, je me berçais de quelque espoir ; je me répétais : Dieu est juste, il ne permettera pas que l'innocent périsse. Je demandais à ma foi, à ma raison, à ma tendresse pour ma mère, à l'instinct qui nous attache à la vie, les moyens, les motifs d'attendre un dénouement consolant.

Quand je me trouvai devant les hautes portes de la prison, je frissonnai au plus profond de mon être. Je ne sentais pas de révolte en moi, mais un écrasement de toutes mes facultés, un anéantissement absolu de mon être. A cette phase d'abattement succéda un désespoir farouche. Je refusai des aliments, je devins muet à l'égard de mes gardiens et de mes juges; je m'aliénai les dernières sympathies qui me restaient. Loin de rester pour moi une source de force et de morale, mon innocence servait à m'accuser, je crois réellement que j'éprouvai le regret de ne pas être un criminel passible des sévérités de la justice.

Ma mère seule ne m'abandonna pas. Elle me connaissait bien; elle comprenait ce que je devais souffrir; plus chrétienne que moi, elle mettait ses douleurs au pied du Calvaire et me suppliait de l'imiter.

Un matin elle entra presque joyeuse dans mon cachot.

Rassure-toi, me dit- elle, tu seras sauvé... Il ne s'agit pas de tes juges, qui sont des hommes... tu baisses trop tes regards vers la terre, mon enfant... lève-les ! Dieu ne se trouve qu'en haut, Dieu et Marie... il me semble maintenant que tu es préservé de tout danger... Je t'abandonne à la Mère des affligés... reprend courage Bertran, je suis pleine d'espérance... du reste, l'idée qui me réconforte vient en quelque sorte de toi... Pendant ta dernière et fatale promenade, tandis que tu restais assis sous le grand châtaignier, tu regardais, m'as-tu dit, avec persistance la petite lampe allumée dans la caverne de l'*Ensevelissement*... des souvenirs chrétiens se représentèrent en foule à ton esprit, un moment après, deux misérables t'initiaient à un abominable complot, et ta courageuse intention de sauver Walter, de le défendre, n'aboutit qu'à te compromettre, à te perdre. Mais la *Vierge de marbre* connait ton innocence, on l'invoque sous le titre d'avocate, et ce n'est point en vain que je lui demanderai le salut de mon enfant Les mères se comprennent ! De la mère divine à la mère terrestre est resté un ineffable lien : la souffrance sans nom de Marie... Je t'en conjure, Walter, par les soins donnés à ton enfance, par ma tendresse, par mes larmes, fais un vœu à la Vierge de Consolation, et il me semble que ce vœu sera la rançon de ta vie... Je ne priais plus, mon père, je ne croyais plus, et cependant je répétai docilement comme un enfant les paroles de ma mère... Trois jours plus tard les juges me condamnaient à mort. Ma mère s'était trompée dans sa foi comme dans sa tendresse. Je ne cherchai plus qu'en moi la force d'attendre l'heure du supplice: je le subirai bravement, non pas en martyr, mais en stoïque.. Je ne veux pas que les derniers baisers de ma mère affaiblissent mon courage, et j'irai à l'échafaud sans prière et sans bénédiction.

— Pauvre malheureux enfant ! s'écria le prêtre. et si Dieu opérait un miracle?

— Je l'en défie !

Puisse le Seigneur ne pas écouter ce blasphème ! et c'est demain ! demain !

Bertran tendit la main au prêtre.

— Je voudrais être seul, lui dit-il.

— Vous me permettrez de revenir ?

— Oui, au dernier moment.

III

Le fils de Gretchen Walter est âgé de vingt-cinq ans environ. C'est un jeune homme rusé plutôt qu'habile, pâle de visage, aux yeux clignotants, aux cheveux plats, aux mains osseuses. L'habitude de la paresse, le goût des boissons spiritueuses ont marqué sa physionomie d'un caractère de dégradation. Il porte une barbe inculte, des vêtements en désordre. De temps en temps il pose sa pipe sur la table et boit un verre de liqueur corrosive. Alors la rougeur remonte à ses joues et lui rend une apparence de vie.

On frappe timidement à la porte. Gretchen paraît; elle pose sans parler une lettre sur la table. Le jeune homme en regarde la suscription, frappe sur le meuble un coup de poing formidable et demande:

— Qui vient d'apporter cette lettre?

— Un mendiant.

Gretchen comprend que son fils souhaite qu'elle s'éloigne, cependant elle hésite; elle voudrait parler, et ne le peut; elle jette sur Gotlieb un regard plein de douleur et de reproche, et appuyant sa main sur l'épaule du jeune homme:

— Il mourra! dit-elle; il faudrait cependant dire un mot pour sa défense, car je ne crois pas, moi, à la culpabilité de Bertran.

— Assez! fit Gotlieb.

— Vous m'entendez, reprit Gretchen, il le faut... J'ignore ce que vous avez fait, ce que vous êtes devenu il y a quelques mois pendant huit jours entiers, et j'ai besoin de l'apprendre pour éclairer ma conscience... Je ne sais pourquoi, à l'idée que Berrant endure une horrible agonie, je suis tentée de courir chez les juges et de leur dire...

— Et que diriez-vous! s'écrie Gotlieb avec violence.

— Montrez-moi cette lettre, dit Gretchen en étendant la main sur la missive apportée par le mendiant.

— Pourquoi! Elle ne vous concerne en rien.

— Elle me concerne, puisqu'elle me fait peur.

— Tonnerre! s'écria Gotlieb, me laisserez-vous tranquille avec vos billevesées.

— La lettre! montrez-moi la lettre! répéta Gretchen, elle a rapport à une œuvre ténébreuse.

Gotlieb se leva ivre de rage, saisit la cruche qui

se trouvait sur la table et la lança dans la chambre. Si Gretchen, effrayée, ne s'était jetée contre la muraille, elle eût été atteinte à la tête et sans nul doute ne se serait jamais relevée.

La mère ne prononça pas une parole et sortit.

Alors Gotlieb ouvrit la lettre et la lut; à mesure qu'il avançait dans sa lecture, la colère enflammait ses regards, et ces menaces montaient à ses lèvres:

— Le bandit! le voleur! espère-t-il donc que toute la succession de Walter tombera dans sa bourse... Chaque jour, c'est une exigence nouvelle, des injures, des provocations... des rendez-vous pendant lesquels il me met le pied sur la gorge! Qu'il prenne garde! qu'il prenne garde, et ce soir... Ce soir; il faudra donc que j'aille encore... Oui, j'irai, mais je le jure par l'enfer; ce sera pour la dernière fois.

Gotlieb s'enferma dans sa chambre jusqu'à l'heure du repas. S'il mangea peu, en revanche il but largement.

Le temps était couvert et une pluie fine tombait, quand Gotlieb sortit. Il marchait avec précipitation, et de temps en temps portait la main à sa poche, pour s'assurer que son couteau s'y trouvait encore. Ses yeux interrogaient les buissons de la route et les massifs des talus; enfin un cri d'oiseau de nuit s'éleva dans le silence, et le jeune homme s'arrêta brusquement. Une voix l'appela.

— Me voici! répondit le fils de Gretchen.

— Toujours exact, dit un homme en sortant de l'ombre... Le temps est mauvais, et tu n'es pas sans doute en train de causer... compte-moi les florins dont j'ai besoin et séparons-nous... seulement le compte n'est pas encore fait... la succession Walter a rapporté vingt mille thalers, cela fait dix mille thalers pour chacun de nous... j'ai reçu quatre cents florins... tu peux les déduire.

— Et tu crois, honnête compagnon, reprit Gotlieb, que gentiment et même avec une sorte de satisfaction, je vais te faire cadeau de dix mille thalers?

— Je les demande parce que j'ai le droit de les exiger.. Nous sommes héritiers tous les deux; toi comme neveu, moi en qualité d'assassin, et j'aurai la moitié de l'héritage, sans un silbergroschen de moins?

— Tu es fou! car c'est être fou que d'exiger trop d'un homme... A force de te montrer tyrannique, tu me rendras furieux, et je me moquerai de tes menaces.

— Ne chante pas trop haut, mon jeune coq, ces menaces iraient jusqu'à l'oreille du juge.

—Écoute, dit Gotlieb, j'ai sur moi, cent florins, les veux-tu?

—Soit, à la condition que tu me feras un billet pour le reste.

Le fils de Gretchen fut pris de terreur. Cet homme pouvait le perdre. D'un autre côté, il était affreux de sacrifier la moitié d'une succession achetée au prix d'un crime. Il fallait à jamais se débarrasser d'un complice exigeant et redoutable. Rien ne garantissait Gotlieb contre de nouvelles demandes d'argent. Il prit donc son parti.

—Je ferai le billet, dit-il, et je te l'apporterai demain.

—Terminons à l'instant, cela t'épargnera la peine de te déranger.

Le misérable tira un briquet de sa poche, puis une lanterne de corne; alluma un bout de chandelle, et dit à Gotlieb:

—Tu as bien une feuille de papier.

Cotlieb déchira la page blanche d'une lettre, son complice lui tendit une plume et de l'encre, et tandis que Gotlieb feignait de se disposer à écrire, il tira son poignard de sa poche, saisit le misérable par la nuque et lui enfonça son arme entre les deux épaules.

Sans songer alors à autre chose qu'à la fuite, Gotlieb prit sa fuite à travers la campagne. La lanterne de corne était tombée à terre à côté des papiers de Gotlieb, l'assasiné songea tout à coup à Bertran:

—J'ai mérité mon sort, dit il, Dieu sauve l'innocent.

La pluie tombait fine et froide, l[illegible]che fumai dans la lanterne au milieu d'une rondelle de suif.

Loin, bien loin, minuit tintait au clocher de la ville.

IV

Une lumière apparaît sur la route. On dirait une étoile. Une forme blanche se détache sur l'opacité de la nuit. Cette forme idéale s'avance en glissant à la façon des nuées, ou comme les oiseaux rasant le sol de leur aile. On distingue une voyageuse vêtue de blanc. Elle arrive près du cadavre, se penche vers lui, baisse le cierge qu'elle tient à la main, et qui projette un cercle lumineux sur la terre, cherche parmi les papiers de Gotlieb une feuille souillée de sang, et s'éloigne.

Suivons la voyageuse.

Plus vite que mouette, elle va, elle va... Elle gagne la ville, arrive devant la prison, souffle sur les gonds, qui tournent d'eux-mêmes, et franchit le seuil. Sans guide elle se dirige à travers les couloirs obscurs, descend les escaliers sombres, aperçoit un cachot devant lequel les soldats sont endormis, traverse les murs comme un rayon, pénètre dans la cellule et regarde avec pitié le malheureux qui doit mourir le lendemain. Ses rêves sont pénibles, sans doute, car la suffocation le saisit, et par un mouvement machinal, il porte ses mains à son cou.

Quatre heures sonnent... l'apparition pose un papier sur la table et s'évanouit...

V

Cinq heures. Les soldats s'éveillent, détirent leurs membres engourdis; l'un deux pousse le guichet de la porte du condamné et regarde: le malheureux qui continue à dormir.

— Pauvre diable! dit l'un deux, il a une mère...

— Il a refusé de la voir dans la crainte de s'attendrir...

Un bruit de clefs, de verrous et de ferraille se fait entendre, un homme sinistre paraît, escorté par deux valets de prison. Le geôlier crie:

— Debout! debout!

Le jeune homme, effrayé, se lève, la mémoire lui échappe, il a tout oublié, la fin de la nuit à été si douce qu'il ne comprend rien à l'horreur du réveil. Il lui semblait tout à l'heure qu'il respirait une atmosphère saturée du parfum de fleurs inconnues, qu'il entendait des harpes célestes, que des ailes d'anges et des voiles de saintes le frôlaient, qu'une Rose mystique s'épanouissait sous une porte dorée, réfléchie dans le miroir de la justice souveraine.

Et la voix du geôlier répète:

--Debout! debout!

En vérité, Bertran ne se souvient plus...

—Allons, camarade, dit doucement un des soldats, habillez-vous, le prêtre vous attend à la chapelle.

—Aujourd'hui! c'est aujourd'hui! répète le malheureux en crispant ses mains dans ses cheveux dressés d'horreur.

Il se souvint alors...

Lentement, avec calme, il procède à sa dernière toilette.

Un mouvement rapide s'opère dans le couloir, des armes brillent, un homme plus sinistre que le geôlier parait.

Cet homme, c'est le bourreau.

Mais une femme haletante se précipite dans le cachot. Elle semble vouloir dérober à Bertran l'envoyé de la justice humaine. Elle prend son fils dans ses bras, elle le couvre de baisers et de larmes, elle lui parle à la fois de sa tendresse à elle, de son innocence à lui et de la bonté de Dieu. Soldats, bourreaux et geôliers s'écartent; la mère reste seule avec le condamné.

— Écoute, dit-elle, tout est perdu en ce monde;

il faut prier, prier et mourir en chrétien... car moi, ta mère, dont le cœur est brisé, je t'offre à Dieu comme une victime.

La pauvre femme force Bertran à ployer les genoux ; dix voix s'élèvent, elles disent *l'Ave Maria.*

Quand elles arrivent à ces mots : « *Priez pour nous maintenant,* » la mère fond en larmes, et cette fois Bertran achève d'une voix résolue:

— *Et à l'heure de la mort.* »

Le jeune homme veut se lever : la mère, dont les yeux viennent de se porter sur la table, le retient agenouillé; elle essaie de lire à travers ses larmes les caractères tracés sur la page que l'apparition y déposa. Enfin elle pousse un cri de joie ardente, saisit la lettre et s'élance vers la porte en criant:

— Le juge! qu'on mande le juge! Je savais bien que mon fils était innocent!

— Ma mère! ma mère! reviens à toi! dit le condamné, qui s'imagine que la malheureuse femme a perdu la raison.

La mère donne un ordre au geôlier troublé, puis revenant vers son fils, et le serrant dans ses bras :

— Comment se fait-il que tu n'aies point montré cette lettre?

— Quelle lettre?

— Celle du meurtrier de Walter à Gotlieb, son complice...

— Une lettre du meurtrier de Walter... je ne comprends pas...

— Elle était là, sur cette table, tout à l'heure.

— Ma mère, répondit gravement le condamné, il ne se trouvait aucun papier sur cette table hier, je vous jure... Mais les invocations des mères arrivent au cœur de Dieu. . Vous avez demandé un miracle, le Seigneur l'a opéré.

Le magistrat arrive suivi par le prêtre; le juge lit la lettre et tend la main à Bertran en balbutiant le mot: pardon... A son tour, le prêtre demande le mot de l'énigme.

— C'est le secret de la Vierge de Marbre, répond-elle.

Les sinistres préparatifs sont suspendus. La justice apprend qu'un homme perdu de vices a été trouvé assassiné sur la route; l'arme qui a servi à la perpétration du crime appartient à Gotlieb; le misérable, vaincu par les preuves, raconte la mort du vieux Walter et paie sa dette à la justice des hommes.

Le jour où la prison s'ouvrait devant Bertran, le jeune homme porta dans la caverne de l'*Ensevelissement* la lettre miraculeuse et la suspendit comme un *ex-voto* à l'une des parois. Trois ans plus tard, un jeune prêtre obtenait l'autorisation de célébrer pour la première fois le Saint-Sacrifice dans la chapelle de la Vierge de Marbre : ce prêtre s'appelait l'abbé Bertran.

L'ECOPE.

I

Il faisait un temps horrible, la tempête grondait, passant en bourrasques folles, ébranlant les toitures des cabanes, élevant les lames à de prodigieuses hauteurs, roulant les galets avec un bruit retentissant. Le ciel était sombre, les nuées couraient basses, effarées, à peine bordées d'une lueur de cuivre. Le soleil allait disparaître derrière un amoncellement de vapeurs au milieu desquelles couraient des lumières pâles, électriques, livides. Des roulements sourds du tonnerre se mêlaient au tumulte des vagues hurlant sur la grève; à cette soirée terrible allait succéder une nuit plus terrible encore.

Les quelques maisons éparses sur les roches avaient été closes de bonnes heure. Aucun pêcheur n'osait sortir par ce temps-là, et tout en travaillant à raccommoder leurs filets, les hommes s'entretenaient avec terreur du sort menaçant les barques parties en mer depuis la veille.

La plus misérable des cabanes dont se composait ce pauvre village perchait comme un nid de goëlands au-dessus d'une masse énorme de rochers qui lui servaient d'escalier. Ses étroites fenêtres dominaient sur la mer sans bornes, sa porte s'ouvrait presque sur l'abime, et il fallait avoir le pied marin pour franchir le seuil de cette demeure indigente.

A l'intérieur, quelques meubles chétifs cachaient à peine la nudité des murailles. Un lit caché dans l'ombre, quatre couchettes d'enfants, un bahut, des armoires au-dessus desquels se trouvaient de saintes images, une table et des bancs formaient tout le mobilier. Un soin minutieux y entretenait l'ordre, et le goût avec lequel Ludwig, suspendait ses filets, et les divers engins dont il se servait pour la pêche, donnaient à cet intérieur si pauvre, une sorte de fantaisie pleine d'imprévu.

De provisions dans les buffets, de pain dans la huche, d'habits dans le coffre, il n'en fallait point chercher. La famille était nombreuse; cinq petites bouches roses et affamées demandaient du pain. Cependant la mère filait une partie des nuits et jamais Ludwig ne sut ce que signifie le mot paresse.

Ce jour-là, debout contre une des fenêtres, le pêcheur suivait du regard le vol des nuages sombres, et se tournant vers sa femme, il lui-dit:

— Pas moins, Lina, l'orage de ce soir nous coûtera le pain de demain.

— Il en reste assez pour les enfants, dit la femme.

Ludwig n'ajouta rien. Si les petits ne devaient point pâtir pourquoi se serait-il plaint? Lina se résignait. Il était homme et devait montrer encore plus d'énergie.

Il détacha de la muraille un filet brisé en plusieurs endroits, prit une navette et se mit à travailler.

Dans un coin de la chambre, le plus jeune des enfants gréait un bateau de papier que venait de terminer sa jeune sœur. L'aînée murmurait, pour endormir un de ses frères, ce cantique naïf que tant de voix pieuses ont chanté:

Je mets ma confiance
Vierge en votre secours...

L'ainée des enfants enseignait au cadet le grand art de faire subir à un bout de fil le plus grand nombre possible de combinaisons de nœuds divers.

La ménagère allait et venait, doucement, sans bruit, trompant son angoisse par l'activité.

Tout à coup Ludwig leva la tête et poussa un cri d'étonnement :

— Monsieur Hartman ! dit-il.

La jeune femme devint toute pâle et s'approcha de son mari.

— Quoiqu'il arrive, dit-elle, sois doux et patient; l'homme peut nous torturer, c'est de la main de Dieu que tombe l'épreuve.

Au même moment la porte s'ouvrit avec brusquerie devant deux hommes, dont l'un pénétra bruyamment dans la cabane, tandis que le second se glissait honteux le long des murs, et s'efforçait d'occuper le moins d'espace possible.

Le visiteur qui venait d'entrer si brusquement, et dont le seul aspect avait arraché un cri d'angoisse aux deux époux jeta autour de lui un regard de mépris hautain, attira un siége, et demanda d'une voix brève.

— Où est l'argent, maitre?

Le pêcheur, qui avait laissé tomber son filet et sa navette, s'avança vers le visiteur et fixa sur lui des yeux dans lesquels l'angoisse le disputait à la colère.

La jeune femme redoutant qu'une parole blessante de son mari indisposât l'homme qui semblait déjà si peu incliné vers l'indulgence se glissa entre Ludwig et M. Hartman, et dit avec une expression pleine de tristesse :

— Hélas monsieur ! depuis votre dernière visite, la chance ne nous a pas favorisés... les vents sont mauvais...on dirait que le poisson fuit les côtes.

— Il me semble plutôt que c'est Ludwig qui néglige de pêcher.

— Pardonnez-moi, monsieur, pardonnez-moi, Ludwig aime le travail, et n'a jamais chômé devant l'ouvrage... Mais la mer est une dure nourrice, et plus d'une fois elle nous refuse ce qui est indispensable pour nous soutenir. L'autre semaine, nous étions parvenus à faire dix francs d'épargne...

— Ah ! dix francs ! répéta M. Hartman d'un air moins dur, c'est peu de chose, mais enfin, c'est un à-compte...

— Malheureusement, depuis, la pêche a été de plus en plus mauvaise, à peine quelques méchants poissons peu estimés à la ville... les enfants n'ont pas même trouvé assez de coquillages pour notre nourriture, et nous avons dû dépenser la somme mise de côté pour vous.

— Ainsi de ces dix francs...

— Il ne nous reste rien.

— Je m'y attendais, je devais m'y attendre... Depuis une année, vous me bercez de promesses... j'ai eu la sottise de m'y laisser prendre... vous parliez sans cesse de vos enfants..mais ils sont frais et roses, ces déguenillés. Vous ne me paraissez pâtir ni les uns ni les autres... ma bonté n'a servi qu'à me rendre l'objet de votre risée. Je viens à vous ce soir, je vous en avertis, en créancier inexorable.

— Oh ! cela ne peut être, monsieur, vous savez bien que nous sommes d'honnêtes gens.

— Je sais que vous refusez de me payer le loyer de cette maison.

— Dix thalers sont une lourde somme ; c'est un gros prix, d'ailleurs, pour une si indigente demeure. Chaque hiver, le vent emporte des lambeaux du toit, l'eau tombe souvent dans le logis misérable.

— Si vous le dépréciez, que ne l'abandonnez-vous?

— Nous y sommes entrés, Lina et moi, en sortant de l'église où l'on venait de célébrer notre mariage... les enfants y sont nés... ces murailles chancelantes sont pour nous peuplées de souvenirs. Ce toit à demi effondré abrita nos heures de joie et nos jours de peine... L'homme s'attache aux lieux où se passa sa vie; et pourtant nous vous répétons, et vous le savez mieux que nous, le vent et la pluie y font rage pendant les mauvais mois.

— Je ferai des réparations plus tard; en attendant réglez l'année écoulée.

— Nous paierons, monsieur, dit Lina, nous solderons tout sans vous faire tort de la moindre somme; mais montrez-vous indulgent et patient, afin que votre dette vous soit un jour remise par le Seigneur Jésus... Ne foulez pas les faibles dont il fit ses amis, et, là haut, votre charité vous sera comptée!

— Lina, dit Hartman, quand je veux entendre un sermon, j'entre dans l'église... La monnaie de singe n'a jamais réglé un compte que je sache... Je ne me paierai plus ni de paroles ni en promesses; avez-vous de l'argent?

— Je n'en ai pas! répondit Ludwig d'une voix sourde.

— Vous savez qu'en vertu d'un jugement je puis faire saisir vos meubles.

— Je le sais, dit encore Ludwig.

Hartman se tourna vers l'homme maigre et pâle qui s'était glissé à sa suite dans la cabane.

— Exécutez la loi, dit-il.

Ludwig s'avança plus pâle.

— Et qu'ordonne cette loi? je ne la connais point moi, je ne sais pas lire...

— Elle vous oblige à quitter cette maison.

— Les mouettes logent bien quelque part, vous ferez comme les mouettes.

— Vous êtes un homme, reprit Ludwig, vous avez une femme, des enfants, vous savez combien ces petits nous tiennent au cœur par toutes les fibres, et vous ne nous chasserez pas par un jour semblable, au moment où va se déchaîner l'orage avec une furie dont les garçons de la côte n'ont pas même souvenir... Je vous jure de vous sastisfaire au plus vite, de tuer mon corps à la besogne et d'acquitter jusqu'à la dernière obole...

— Vous avez déjà promis cela, Ludwig.

Le pêcheur se tordit les mains.

— Je ne puis quitter cette maison, dit Ludwig non, je ne le puis pas!

— Alors, payez!

— Voulez-vous ma vie! demanda Ludwig avec une expression de désespoir.

— Qu'est-ce que j'en ferais... Encore si vous l'exposiez pour des choses du métier capables de rapporter beaucoup d'argent... Mais j'y songe... vos camarades n'osent point s'aventurer sur mer, ayez plus d'audace... par les gros temps le poisson est abondant; une pêche exceptionnelle vous permettrait de vous accquitter dès demain...

— Vous n'y pensez pas, monsieur, sortir par un temps semblable, ce serait tenter Dieu.

— Pourquoi donc m'offriez-vous votre vie?

— Mais vous êtes pire qu'un usurier, vous êtes un bourreau!

— Je l'ai dit, reprit Hartman, et je n'en aurai pas le démenti... Allez à la pêche, ce soir, afin de me prouver votre bonne volonté, sinon, j'use de la loi dans toute sa rigueur, et sur l'heure, vous et votre famille, vous sortirez d'ici...

— Lina se dirigea vers les plus petits enfants et les souleva dans ses bras, puis elle appela les aînés des garçons, et se tournant vers Ludwig immobile et silencieux ;

— Viens, mon homme! dit-elle.

Le pêcheur réveillé de sa torpeur douloureuse posa sur la frêle épaule de Lina sa lourde main et répondit tout bas :

— Reste!

Puis se retournant vers Hartman.

— Il est entendu, dit-il froidement, que si je meurs vous remettrez la dette à ma veuve.

Mais Lina tenant toujours les deux petits dans ses bras se rapprocha de son mari :

— Allons-nous en, dit-elle, allons-nous en! Dieu est bon pour ceux qui l'implorent, et les braves matelots de la côte ne laisseront pas les enfants sans abri... Bien que vous soyez dur à notre égard monsieur Hartman, nous paierons ce que nous vous devons quand la saison deviendra favorable.

— J'ai dit que j'étais prêt à partir, dit Ludwig et je partirai.

— Je ne veux pas! je ne veux pas, s'écria Lina; tu tenterais Dieu ; il ne faut pas aller à la mort regarde les vagues, hautes comme des montagnes, hurlantes comme une meute... que serait ta barque au milieu de ce fracas et de ces lames ! ne fais pas de moi une veuve, de nos enfants des orphelins... Sur le cruel caprice d'un homme ne joue pas la vie que Dieu te confia et dont il ne te permet pas d'abuser...

Ludwig serra contre sa poitrine sa femme en larmes et les deux enfants, il couvrit de baisers fiévreux ceux qui de leurs petites mains se cramponnaient à ses habits, et il s'écria d'une voix forte, au moment où il descendait en courant les roches sur lesquelles se dressait la cabane :

— Priez ! priez tous !

Alors les enfants tombèrent à genoux, et prosternée au milieu d'eux, la mère chanta d'nne voix qu'entrecoupaient les sanglots :

> Je mets ma confiance
> Vierge en votre secours...

Lorsque le cantique s'acheva, Hartman et son acolyte avaient disparu et en même temps l'aîné des enfants de Ludwig avait quitté la chaumière.

II

La foudre a déchiré les nues, ses fulgurantes lueurs éclairent seules l'espace. Le grondement des flots se mêle aux grondements de la foudre. On dirait, à entendre ses hurlements funèbres, à voir ses bonds furieux, que la mer veut envahir et anéantir dans son sein les continents dont jadis elle baignait mollement les rivages. Tout est bruït, terreur, ténèbres, épouvantes. L'œil qui s'égare sur les flots ne distingue que des montagnes creusées à leur base, blanchies à leur cime, qui s'engouffrent dans les vagues aplanies, jusqu'à ce que d'autres crêtes aussi effrayantes, aussi moutonnées d'écume se remplacent, se succèdent, et se renouvellent tour à tour. Cependant, au milieu de cette nuit rayée de lozanges de feu, il est possible d'apercevoir par intervalle un point plus sombre, paraissant, disparaissant, s'enlevant sur le sommet d'une vague monstrueuse ou s'abîmant avec elle dans un sillon qui semble conduire aux profondeurs de l'abîme; ce point est une barque, et dans la barque se trouvent un homme et un enfant.

La voile déchirée, s'en est allée en lambeaux, et le vent sait où il en a semé les débris. Puis le mât a craqué sous l'effort de la tempête, et après avoir plié tantôt à droite, tantôt à gauche, Ludwig a dû l'abattre d'un coup de hache, et il ne reste plus dans la barque qu'un tronçon semblable à ceux des vieux arbres qu à fait saigner la cognée.

Le petit Karl garde le sang-froid d'un homme. Obéissant à la manœuvre comme si la mer jolie le berçait sur son sein, il a tendu sa voile, puis il l'a carguée, enfin, et sans se laisser démoraliser, il l'a vue enlever par l'ouragan. Il ne pousse pas un cri, il ne prononce pas une parole. Seul son regard anxieux interroge son père, quand les éclairs bleuâtres répandent une clarté lugubre sur cette scène de désolation. Ludwig, assis dans le bateau cramponné aux restes du mât brisé attend, la résignation au cœur, qu'une dernière vague l'emporte.

N'est-ce pas un miracle déjà que le frêle bateau n'ait pas sombré ! De poisson il n'en a pas pris un seul ; le filet lancé à l'eau a été roulé et emporté par un vague furieuse. Nul espoir de se sauver n'est possible. Encore quelques minutes et les planches du bateau se disjoindront sous l'effort de la tempête, et les vagues serviront de linceul au père héroïque, à l'enfant courageux.

Ludwig regarde le ciel, le ciel n'a plus d'étoiles; il cherche du côté où doit se trouver sa maison, mais de si loin la maigre lumière de la lampe ne saurait apparaître. Il faut mourir... Le bateau craque, se disloque, se démembre, et l'eau pénétrant par les jointures détendues, ne tarde pas à remplir le fond du canot.

Il s'alourdit à mesure que grandit le poids des vagues. L'eau gagne le banc, monte jusqu'au tronçon du mât et encore un moment, elle envahira le plat bord...

— Karl ! Karl ! dit le père! viens mourir dans mes bras.

L'enfant se lève, il trébuche, son pied heurte un objet tout au fond de la barque. Il se relève, et s'écrie :

— L'Écope ! l'écope !

— A quoi bon? murmure Ludwig.

L'enfant saisit l'écope, il puise l'eau à mesure qu'elle pénètre dans le fond de la barque, et Ludwig réveillé de son atonie par le précoce courage de l'enfant, s'efforce de calfeuter le bateau en arrachant la veste qui couvre ses épaules frissonnantes. L'écope puise, puise sans fin, sans repos, mais les flots montent plus vite que l'écope ne travaille et le niveau de l'onde ne semble pas diminuer.

Le front de Karl et celui de Ludwig se couvrent de sueur, leurs bras refusent le service; leurs doigts sont engourdis; leur cerveau s'emplit de bruits sinistres, de longs frissons agitent leurs corps, ils glissent sur le plancher du canot.

Ludwig reconnaissant son impuissance à triompher du vent qui souffle et de la vague qui monte, prend une corde, en entoure le corps du petit mousse la rattache autour de ses reins, puis tous deux enlacés essaient de se faire un point d'appui du restant ébréché du mât.

La vague les couvre, les bat, les attire, les repousse; elle semble vouloir les engloutir et tout à coup les rend à la lumière; et bientôt on ne voit plus au-dessus des vagues courroucées que la tête pâle du matelot et l'angélique visage de l'enfant.

D'une main, celui-ci agite l'écope inutile, de l'autre il semble appeler à l'aide, et dans le demi-sommeil de la vie qui s'éteint, ses lèvres pâles murmurent.

Je mets ma confiance,
Vierge, en votre secours;
Servez-moi de défense,
Prenez soin de mes jours,
Et quand ma dernière heure
Viendra fixer mon sort,
Obtenez que je meure...

Karl n'acheva pas, il venait de s'évanouir.

Au même moment, une lueur pâle brilla sur les vagues. On eut dit une clarté s'accentuant lentement de tons d'aurore. Des rayons s'en échappaient comme une pluie d'étincelles, et cependant cette lueur ne ressemblait point à la phosphorence de la mer dans les chaudes nuits d'été. Sa clarté eut une forme indécise d'abord, puis plus accentuée ; elle grandissait, elle accourait, et soudain sur ce fond lumineux se détacha une blanche figure.

Le front de l'apparition était serein comme l'astre des nuits, ses lèvres closes semblaient, même dans le silence, parler de choses célestes ; ses pieds nus effleuraient la vague et paraissaient en dompter les colères. Elle arrivait légère comme la nuée et portée par une brise de mai.

Elle s'approcha de l'enfant, et saisit dans ses doigts glacés l'écope désormais inutile, puis, avec une rapidité tenant du prodige, elle vida et remplit tour à tour la coupe de bois, allégeant le poids qui faisait couler la barque.

Peu à peu la mer apaisa sa furie, le ciel reprit sa transparence, les vagues cessèrent de se cabrer et de secouer follement leur écume. Et sans fin la figure vidait l'eau du canot, qui bientôt se trouva complétement à sec.

Alors elle étendit la main droite et toucha le

tronçon du mât, et ce tronçon s'allongea comme un serpent qui se redresse, et le mât reprit sa première hauteur.

Elle souffla dans l'air, et des lambeaux de toile, se rapprochant, se retrouvant, finirent par former une voile blanche qui s'attacha au mât et que le vent matinal se mit à gonfler.

Elle effleura le bordage, et les bords du filet s'y accrochèrent, mais le filet semblait lourd, si lourd que des matelots ne seraient pas parvenus à le soulever. Les mains de l'apparition l'enlevèrent comme en se jouant, et il tomba dans l'intérieur de la barque, gonflé de poissons aux brillantes écailles, de crustacés enveloppés de carapaces, d'une multitude d'habitants des eaux aux couleurs brillantes comme des prismes, et dont l'agonie avivait les teintes changeantes. L'aube blanchissait à l'horizon, la mer était calme...

D'un signe de bénédiction la blanche figure marqua le front du père et celui de l'enfant évanoui; elle replaça l'écope dans la main du mousse, puis la blancheur éthérée de ses voiles se confondant avec les brumes aériennes du matin, elle disparut, laissant un sillon d'or dont se doubla l'éclat de l'aurore.

Sur la grève, hommes et femmes à genoux prit aient en demandant un miracle.

Les pauvres gens avaient appris l'exigence cupide et barbare de Hartman, et tous unissant leur misère pour en faire une féconde source de charité avaient promis à l'homme sans entrailles de solder sur leur propre pêche la dette de leur camarade...

Lina les avait bénis, puis quittant la cabane où elle ne pouvait goûter une minute de repos, elle était venue s'asseoir sur les roches fouettées par la vague, plongeant ses regards aussi loin qu'ils pouvaient atteindre, afin de voir si la barque ne revenait pas.

Tout à coup un chant lointain frappe son oreille. Elle s'agenouille, elle écoute; toutes les forces de son âme sont tendues vers un point noir qui s'esquisse là-bas, tout là-bas...

Il lui semble que ce point est une barque, et que les voix répètent avec l'expression d'une joie inattendue les paroles du cantique qu'elle murmurait la veille au milieu de ses sanglots.

— Une voile! une voile! crie la foule.

— Karl! Ludwig! répète Lina les bras tendus.

— Sauvés! sauvés! miracle! gloire à Marie! disent les voix des pêcheurs en se confondant.

Oui, les voilà, le père et l'enfant! Ludwig entoure le mât d'un de ses bras, Karl serre sur sa poitrine la petite écope qui la veille lui servit à puiser l'eau embarquée dans le canot fragile.

Le vieux pasteur qui gouvernait cette famille de pauvres gens n'avait pas été le dernier à venir jouir du spectacle inattendu de l'arrivée de Ludwig.

Mais l'étonnement se changea en une sorte de stupeur, quand la barque ayant été amenée sur le sable, il fut possible aux curieux de voir les magnifiques poissons qui la remplissaient.

Lina serra son mari dans ses bras.

Le prêtre attira vers lui l'enfant.

Quas-tu vu pendant ton sommeil, ce sommeil frère de la mort?

L'enfant se troubla :

— Parle sans crainte, ajouta le prêtre, que ta bouche innocente concourre à glorifier l'Étoile de la Mer.

— Eh bien! dit l'enfant d'un accent pénétré de respect et d'amour, à l'heure où l'eau allait faire couler le canot, j'ai vu, oh! comme je vois lever le soleil, la figure de la *Vierge de Marbre*, pâle, blanche, et si douce; elle a pris l'écope que ne pouvaient soutenir mes doigts défaillants, et de ses mains divines elle a puisé l'eau sans trêve... et la barque s'est relevée, le mât s'est redressé, la voile s'est gonflée, la pêche miraculeuse s'est accomplie

Trois heures plus tard, Ludwig et Karl, pieds nus, suivis d'une foule religieusement émue, allaient suspendre, dans la *Caverne de l'Ensevelissement*, la petite écope du bateau sauvé.

FIN DES LÉGENDES.

TABLE DES MATIÈRES

EXTRAIT DU CATALOGUE

DE LA LIBRAIRIE

DE L'ŒUVRE SAINT-MICHEL

L'ŒUVRE DE SAINT-MICHEL, qui a été fondée par le R. P. FÉLIX pour la publication et la propagation des bons livres à bon marché, *fait à tous ses associés et* CORRESPONDANTS *une remise de faveur sur outes ses publications.*

Pour jouir de cette remise, il faut:

1° Être inscrit sur les registres de l'Œuvre comme correspondant.

2° Acheter au moins chaque année quelques-unes de ses nouveautés.

Les libraires correspondants sont obligés d'acheter un exemplaire de chacun des ouvrages nouveaux publiés par l'Œuvre, mais ils peuvent les retourner dans les trois mois. Passé ce délai on ne les reprend plus.

1 **Actes de la captivité et de la mort de** cinq pères de la Cie de Jésus, par le R. P. DE PONLEVOY. 1 vol. in-12....... 2 »

2 **Age du monde et de l'homme (L')**, par H. DE VALROGER. 1 vol. in-12.......... 1 »

3 **Amazone chrétienne (L')**, par J.-M. DE VERNON, religieux normand. Edition revue et augmentée d'une introduction et de notes par M. René Muffat. 1 vol. in-12 2 »

6 **Ateliers de Paris (Les)**, par Pierre LELIÈVRE. 2 vol. in-12................ 2 »

7 **Bible populaire illustrée (Petite)**, revue par M. l'abbé BOUQUARD. 1 vol. in-12, cartonné.................... 1 25

8 **Catacombes (Les)**, par dom Maurus WOLTER. 1 vol. in-12.................. 2 »

11 **Economie sociale devant le christianisme.** Edition populaire, par le R. P. FÉLIX. 1 vol. in-12................... 1 »

12 **Eglise (L'), la Réforme, la Philosophie, et le Socialisme**, par M. MAON DE MONAGHAN 3e édit. 1 vol. in-12..... 1 25

13 **Eléonore d'Autriche**, par Mme la comtesse DE CHARPIN-FEUGEROLLES. 1 vol. in-12.................................. 1 »

14 **Esprit de la Bible**, par l'abbé MARTINI, réédité par M. Ph. VALETTE. In-32.... 1 »

15 **Etude de la doctrine catholique dans le concile de Trente,** par le R. P. Nampon. 2 vol. in-12.................. 2 50

16 **Etudes pratiques du style vocal,** par M. Stephen de la Madeleine. 2 vol. in-12............................ 2 50

17 **Etude sur la question d'Honorius,** par le P. Schneeman, de la Compagnie de Jésus. 1 vol. in-12 .... 1 »

19 **Femme d'après saint Jérôme (La),** par Raoul de Navery. 1 vol. in-12....... 1 25

20 **Français en Amérique (Les),** le Canada, par A. Frout de Fontpertuis. 1 vol. in-12.......................... 1 »

21 **France armée (La),** par M. Lahaussois, sous-intendant militaire. 1 vol. in-12... 2 »

22 **Gentilshommes de la cuiller (Les),** par Charles Buet. 1 vol. in-12............ 1 »

23 **Gerbert ou Sylvestre II et le Siècle de fer,** par M. l'abbé Quéant. 1 vol. in-12............................ 1 »

25 **Histoire de la conquête du Mexique,** par Antonis de Solis. Traduite de l'espagnol par M. de Toulza. 3 vol. in-12.............................. 3 50

26 **Histoire de sainte Radegonde,** reine, par M. le vicomte de M. Th. de Bussière. 2e édition. 1 vol. in-12......... 1 »

27 **Introduction à la vie dévote,** par saint François de Sales. Nouvelle édition (elzévir), en vieux style avec l'orthographe moderne. Quelques chapitres ont été supprimés dans cette édition. 1 beau vol. grand in-12.................... 2 »

28 **Ivan le terrible;** roman hist. russe, traduit par le prince A. Galitzin. 1 vol. in-12.............................. 2 »

29 **Kiang-Nan en 1869** (Le), relation historique et descriptive, par les missionnaires de la Compagnie de Jésus en Chine, 1 vol. in-12..... .... 2 »

30 **Légendes de l'atelier** (Les) par Maurice Le Prévost. 1 vol. in-12............. 1 »

31 **Le Sueur** (Eustache), par M. L. Vitet, de l'Académie française. 1 vol. in-12.. 1 »

32 **Lingots d'argent** (Les), par Mendoza de Vives. Traduit de l'espagnol, par M. J. Turck. 1 vol. in-12.................. 1 »

33 **Mlle de Foix et sa correspondance,** par M. l'abbé de Ponchevron. 1 vol. in-12.............................. 1 »

34 **Marie d'Agréda et Philippe IV d'Espagne** (Sœur), traduit de l'espagnol, par M. Germond de la Vigne. 1 vol. in-12........ .... 1 25

36 **Massacres de septembre** (Les), par M. Mortimer-Ternaux. 1 vol. in-12.. 2 50

37 **Meilleurs Proverbes français et étrangers** (Les), 1 vol. in-12.............. 1 »

38 **Moines en Gaules** (Les), par M. le comte de MONTALEMBERT. 1 vol. in-12.... 1 »

39 **Nouvelles Causeries morales**, par Mlle Julie GOURAUD. 1 vol. in-12........... 1 »

40 **Œuvres de charité à Paris** (Les), par la même. 1 vol. in-12............... 1 »

41 **Paix et la Trêve de Dieu** (La), par E. SEMICHON. 2e édition. 2 vol. in-12.. 4 »

43 **Pélerinage au pays du Cid** (Un), par M. OZANAM. 1 vol. in-12............. 1 »

44 **Pélerinage d'Assise** (Un), par M. E. LAFOND. 1 vol. in-12................. 2 »

45 **Peuple et les Savants au XIXe siècle** (Le), par M. de MIRVILLE. 3e édition. 1 vol. in-12......................... 2 »

46 **Philosophie du ruisseau** (La), par M. Maurice LE PRÉVOST, 1 vol. in-12...... 1 »

47 **Pupille du docteur** (La), par Mlle Gabrielle d'Ethampes. 1 vol. in-12....... 2 »

48 **Rameur de galères** (Le), par RAOUL DE NAVERY. 1 vol. in-12................. 2 »

49 **Récréations dramatiques**, par Mme DE GAULLE. 1 vol. in-12.................. 1 50

50 **Rien n'est parfait ici-bas**, par Fernand CABALLERO. 1 vol. in-12............... 1 »

51 **Romains chez eux** (Les), par ERNEST DE TOYTOT. 1 vol. in-12................. 1 »

53 **Saint Columba**, par DE MONTALEMBERT. 1 vol. in-18........................... 1 50

54 **Souvenirs religieux et militaires de la guerre de Crimée**, par le R. P. DE DAMAS. 3e édition. 1 vol. in-12........ 2 »

55 **Souvenirs de guerre et de captivité**, par le même. 1 vol. in-12............. 2 »

56 **Trois Nouvelles**, par M. DE RIVEROLLE. 1 vol. in-12........................... 1 »

58 **Vie des saintes et des bienheureuses**, par Collin DE PLANCY. 2 vol. in-12..... 4 »

60 **Banque du diable (La)**, par E. DE MARGERIE. 1 vol. in-12.................... 2 »

61 **Berthilde ou les Origines chrétiennes de la France**, par Gile D'ARVOR. 1 vol. in-12.................................. 2 »

62 **Capitaine Gueule d'acier (Le)**, par Charles BUET. 1 vol. in-12................ 2 »

63 **Enfants nantais**, par G. D'ETHAMPES. 1 vol. in-12........................... 2 »

64 **Lettres à un jeune homme**, par E. DE MARGERIE. 1 vol. in-12................ 2 »

65 **Madeleine Miller**, par RAOUL DE NAVERY. 1 vol. in-12.................... 2 »

Paris.— Imprimerie St-Michel. — G. Téqui.— Apprentis de St-Nicolas.— 92, rue de Vaugirard.

www.ingramcontent.com/pod-product-compliance
Lightning Source LLC
LaVergne TN
LVHW010558110826
845149LV00003B/695

9782019197919